张扬 著

华龄出版社
HUALING PRESS

图书在版编目（CIP）数据

浮沉 / 张扬著 . -- 北京 : 华龄出版社 , 2022.8
ISBN 978-7-5169-2323-8

Ⅰ . ①浮… Ⅱ . ①张… Ⅲ . ①张扬－自传 Ⅳ .
① K828.4

中国版本图书馆 CIP 数据核字 (2022) 第 136755 号

策划编辑	梅　剑	责任印制	李未圻
责任编辑	程　扬	装帧设计	明翊书业

书　　名	浮　沉	作　　者	张　扬
出　　版 发　　行	华龄出版社 HUALING PRESS		
社　　址	北京市东城区安定门外大街甲 57 号	邮　　编	100011
发　　行	（010）58122255	传　　真	（010）84049572
承　　印	北京中科印刷有限公司		
版　　次	2022 年 10 月第 1 版	印　　次	2022 年 10 月第 1 次印刷
规　　格	880mm×1230mm	开　　本	1/32
印　　张	7	字　　数	80 千字
书　　号	ISBN 978-7-5169-2323-8		
定　　价	68.00 元		

目录

第三章　泥潭深陷（2015—2016）

第四章 凤凰涅槃（2016—2021）

后 记

|序|　身在泥潭，仰望星空

人的欲望，会带来多大的后果?

对于张扬来说，仅仅 2015 年那一年的时间里，欲望让他摧毁了自己苦心经营多年的公司，并且背上了 500 多万元的债务，毁灭了他包含亲情、友情在内的一切。

从此之后，他成了那个存活于别人手机通讯录中都让别人感到害怕的人。

最惨的时候，他吃不起盒饭、无家可归，只能睡在公园的长凳上，连流浪汉都可怜他。

但是无论遭受多大的困境，张扬却从未想过放弃，一次次尝试着从命运的枷锁和禁锢中挣脱出来。

《浮沉》记述的是张扬 2005 年到现在的真实经历，讲述了他十多年中遭受人生挫折和商海浮沉，最终成功上岸的故事。

如果你也身在泥潭，请不要懊丧，不要气馁。

抬起头，仰望星空吧!

你会找到答案。

| 楔子 |

2015 年 11 月，澳门 * 金沙城。

炎热的湿气被这座巨大的建筑物完全阻隔在外。里面是截然不同的另一个世界——慢节奏的爵士乐弥漫着迷离又梦幻的气息，和大厅的金碧辉煌相得益彰。人们散坐在几百个牌桌四周，或嘶吼，或沉默，或狂笑，或痛哭。

张扬就是这其中的一员。

不过有别于其他人，他毫无表情，或者可以说，他面如死水。他站了起来，两条腿像灌了铅似的挪不动步子，还有些微颤。空调的冷气流在他脑后一阵摸索，让他感觉脊背发凉。他环顾四周，看到百态人生，却无一丝反应。直到他低头，看到自己面前空荡荡的牌桌。六个月的时间，500 多万元的负债，脑子嗡的一下爆炸了。虽然大脑有些剧痛，但是往事却突然一件件从他的脑海中闪现出来，尤其是十年前在学校打麻将的回忆。他也不知道自己为什么会回想起这些。随后，他扶着桌子，离开椅子，但是站得并不稳当。在挣扎着挪了两步之后，他便咕咚一声，直直地栽在地上……

* 我国特别行政区之一。

梦想

第一章（2005—2010）

开始

1. 被设计的友情

2005 年，云南省曲靖市一所大学旁边的旧茶室里，几个学生正围着桌子打麻将。

“红中！”张扬的对家是一个比他大 3 岁的高个子男生。

“碰！”张扬看着手上的麻将，有一张红中，他顺手打出一张五筒，刚好杠上有一张露出的五筒，心里有些激动。随便吃一张二万或者五万，这把牌就满番了。张扬小心翼翼地抓起麻将，熟练地将大拇指按在麻将的背面，中指从上往下摸，是张五万，张扬心中狂喜。

“杠上五梅花！”他笑道。

“七星抢杠！”对面的高个子把牌推倒，露出一嘴因为抽烟而发黄的牙齿，顺手把张扬的“红中”抢了过去。

按照规则，满番，张扬一个人输，120 元。

张扬没有继续往下打，他没有余钱，只能悻悻地走出了茶室。

2005 年这一年，张扬刚刚读大一，身材瘦削，眼神清澈。因为刚从繁重的高三学业中解放出来，获得了绝对的自由，好玩的他很快学会了云南麻将。由于所读学校并非是一流院校，学生们大多以混日子为主，常常聚在一起炸金花、打麻将。张扬在这种环境下自然也不可能独善其身，否则就要遭受排挤。张扬是一个耐不住寂寞的人，他不能没有朋友，只能逼着自己跟这些同学混在一起。

不过现实是很残酷的，他把别人当朋友，别人可不这么想，到了牌桌上，谈感情可就伤钱了！张扬所谓的那些朋友就只想着黑他，直到某天晚上，张扬输掉了 4700 元钱，他才大梦方醒：或许其他人，早就联合起来做了一个局，而自己只是一个被围猎的猎物罢了。

2005 年，按照当时的消费水平，一个大学生一个月的生活费也不过 600 元。4700 元的巨款，张扬自然是无力偿还的。不过那些所谓的“朋友”并没有出于“友情”而放他一马，而是对他发出了武力威胁。

“还钱啊，不还揍你了！”室友恶狠狠地对张扬说，其他几个人把张扬围在床位上。

“就算不是朋友，也是同学，不至于吧。”张扬无奈地说。

“少废话，我只认钱。”另外一个室友扬了扬拳头。

张扬害怕了，从小到大，他一直是听父母话的乖学生，从不惹是生非，遇到危险情况都是躲得远远的。现在遇到这种情形，他自然不敢反抗。他想了想，只有父母能就救自己了。他走出宿舍，用公用电话给自己在外省务工的父母打电话。

“爸，学校要提前交 4000 的创业实践费，为后面找工作提前做规划，你给我打过来吧。”张扬没有跟父亲说出实情，他撒了谎，这一刻他觉得自己很不是人。

张扬是江西人，父母并不在江西老家，他们常年在浙江温州的工地上务工。4000元，差不多是父母两人当时一个月的工资总和。

“嗯，好，”父亲沉吟片刻，他应该是有疑虑的，什么课需要这么高的费用啊？一年学费也不过一千多。不过他并没有追问张扬，而是直接答应了，随后说道，“你照顾好自己，别让我跟你妈担心。”

张扬答应收到父亲的转账后就把钱还给大家，同学们才散了。张扬那一刻心灰意冷，原本以为跟他们是朋友，没想到真相却这么残忍。他一刻都不想在屋里待了，准备走出寝室散心。走廊里是其他几个寝室里传来打麻将、打牌的嬉笑声、吆喝声和咒骂声。

张扬站在阳台上，手扶着栏杆，向远处眺望，前方是混沌的黑夜，看着周边这帮无所事事的同学，他感觉未来在他的眼前蒙上了一张暗网。

他必须得冲出去。

2. 18 岁的第一桶金

张扬还完钱后，所谓的朋友们又跟他恢复了“友情”。但张扬已经心灰意冷，只做一些表面的样子，根本就不跟他们往来，更不用说再跟他们一起打麻将了。他现在唯一的想法就是从这种沉沦的氛围里跳出去。

张扬的血液里天生就有一种闯劲，总感觉自己生来就是要干轰轰烈烈的大事。所以，他打算利用假期去找兼职挣钱。

2005 年的国庆假期，学生们几乎都离校回家了，张扬却留在了学校。放假前几日，某品牌家电经销商在学校大量招聘临时促销员，张扬被选中了，他便决定留下打假期工，主要工作就是在商场促销的时候做导购，给顾客介绍产品，促成交易。

10 月 1 日，商场从里到外都张灯结彩，布置得非常喜庆，各种折扣标语十分醒目。尤其是商场中央搭建了一个巨大的舞台，主办方将在舞台上进行一系列的促销宣传活动，还辅以一些表演。活动将于九点半准时开始，所有的工作都准备就绪，前期通过传单等各种宣传方式吸引过来的顾客都已经坐在舞台下。

“什么？你再说一遍。”主办方负责人陈总正在后台拿着手机咆哮，他是一个四十多岁的高个子中年男人。

“表演队有事来不了。”电话里的人说道。

陈总破口大骂：“他们有没有契约精神，就算不来，不能提前通知吗？你现在让我怎么跟商场交代？以后？还有什么以后？我告诉你们，以后不光没有合作，这次我还要起诉你们，还要索赔？”

旁边的助理赶紧问道：“陈总，怎么办？”

陈总挂了电话，他从后台往外面瞥了一眼，台下已经是人头攒动，顾客们聊着天，翘首以盼，时不时往台上打量。陈总冷汗直冒，急得直跺脚。

“我来试试。”背后声音响起。

陈总转身一看，是个瘦瘦小小的男生，正是张扬。

“你？”陈总打量着张扬，表示怀疑。

助理则在旁边焦急地催促道：“陈总，就他吧，随便他怎么搞吧，没时间了。”

陈总这才清醒，赶紧挥挥手，示意张扬安排。得到陈总的肯定后，张扬立刻张罗起来。

“来，你们几个都过来。”他招手，把学校里来做兼职的促销员召集到一起。

“会唱歌的站这边。”几个人走了出来。

“会跳舞的站那边。”又有几个人出列。

“还有会其他才艺的吗？自己说一下，工资给涨。”张扬又问道。

“我会说单口相声。”一个男生举手。

……

临时搭建的草台班子热场效果非常不错。先是几个女生的开场舞点燃了气氛，虽然几个人各跳各的，但是配合着动感的音乐，竟然看不出破绽，还把现场气氛给点燃了。唱歌的几个人也不错，虽然说不上好听，但是镇场子是没问题的。尤其是说相声的男生，听口音就是天津的，能说会道，从小应该就是票友，一段单口相声，把台下的观众逗得前仰后合。陈总在台下也乐得合不拢嘴。而张扬竟然担任起主持人，词都是现场发挥现编的，他把各个节目串联得非常好，竟然也看不出丝毫破绽。整个促销现场，轰轰烈烈，热闹非凡。顾客和商场的反馈都非常好，陈总心里的大石头终于落下了。

下午解散时，每个参加演出的促销员都领到了 50 元的工资，原本商量的是25元一天。这是陈总对大家的奖励，他走到张扬面前，递过去200元，这是原先一天工资的8倍。

“你小子不错，有没有兴趣跟着我干？”陈总跟张扬抛出了橄榄枝。

张扬笑了笑：“我还小，还得上学。”

“可惜了，”陈总微笑着拍拍张扬的肩膀，“毕业了，想跟我一起干的话，找我！”他从钱包里掏出一张名片，塞到了张扬手里。

晚上，张扬失眠了，他躺在床上，手上把玩着陈总的名片，陷入了思索中。

2005年那会儿，手机促销、家电促销可谓疯狂，促销助演的形式非常新颖，演出很受欢迎，这是一个做大的机会。原来，张扬并不是不想干，而是想自己干。

说干就干，张扬开始组建团队，成立了自己的第一家公司——尔雅广告传媒有限公司。在校大学生创办公司，这在张扬所在的大学尚属首例。凭着促销助演，张扬赚到了人生的第一桶金。学校里的那些“狐朋狗友”，张扬彻底是看不上了。不过，张扬毕竟也才18岁，以他的资源、能力以及阅历，也无法将公司做得很大，只能勉强比同学优秀一些。

从 2005 年年末到 2007 年年初这一年的时间里，张扬总共挣了几万元，钱虽然不多，但是足以支撑他在学校旁边租间房子。张扬又开了一间 KTV 酒吧，听起来高大上，其实就是一个服务于学生群体的小地方，几十平方米，配套一般，消费自然也不会高。

开公司，做酒吧，2007 年，张扬每个月固定收入都能稳定在 5000 元以上，他无疑成了学校里最闪亮的明星。校长甚至把他的事迹写进了学校本科综合评估报告里。

然而，此时意气风发的张扬并没有想到，人生中第一次的滑铁卢也悄然而至。

3. 滑铁卢之败

2007 年，龙虎机突然空降曲靖。

装修很气派的游戏厅一下子把张扬震撼住了。这是他第一次看到疯狂的场面——两三千元钱，只要按一下按钮就有了，原来还有来钱这么快的东西！这时的张扬还没满 20 周岁，他的心智压根儿抵挡不了不劳而获的诱惑，于是整个人陷到龙虎机里。

到了 2008 年，张扬已经大四毕业了。因为龙虎机，他的心思完全不在公司和 KTV 上，资金被自己玩没了，也就无力运营公司和 KTV。赶上学校放寒假，也没了生意，张扬干脆不干了，把传媒公司和 KTV 都关了。离春节还有四天的时候，他连父亲打给他的 1000 元回家路费都贡献给了龙虎机，此时，他不仅身无分文，还欠了很多同学的钱。

“爸，妈，我今年不回去过年了，昆明的朋友邀请我去他家玩。”

挂完电话的张扬痛哭流涕，他从没想到，自己第一次创业竟然是以这样的方式收场。大年三十，家家户户庆团圆，共度新年，唯有他跟个流浪狗一样无家可归。他从一个朋友那里借到了 50 元钱，在热闹的爆竹声中，他坐上了前往昆明的城际列车，扣除车票，他的兜里此时只剩下 8 元。

到达昆明后，天色已晚，张扬顺着昆明的北京路漫无目的地溜达，经过交三桥，走到白云路。到了晚上八点，天空开始有了绚丽的烟火，而他一个人在轧马路。

凌晨两点，张扬又饿又困，他实在走不动了，就找了一家洗浴店休息。店里只有两个留守的服务员，由于除夕的原因，店里也没有准备自助餐，只有一桶泡面，这就是张扬的年夜饭。吃完泡面，他躺在沙发上看着重播的春节联欢晚会，一会儿就被睡意击垮，睡了过去。

等张扬醒来的时候，一个中年阿姨正在房间里搞卫生。

“先生你醒了，结账在前台。”

张扬尴尬地笑了笑，穿好衣服往外走。他在大厅里偷偷观察着男店员，想趁店员不注意的时候偷偷溜出去。没想到，店员眼疾手快，两个健步就上去抓住了张扬的手臂。

“你干什么？”店员问道。

“我……”张扬支支吾吾。

“吃霸王餐的见多了，洗霸王澡、睡霸王觉的还是第一次见。”服务员的语气不无嘲讽，他扒下张扬的美特斯邦威外套，然后翻出了张扬的身份证，把衣服和身份证塞到柜台的抽屉里面，锁上。“快去找钱。”他不耐烦地打发张扬离开。

跟昨晚相比，张扬连保暖的外套都没有了。大年初一，他继续在街道上溜达，走累了，他又去了一家新的洗浴中心。还好，这个澡堂有伙食，张扬在里面东躲西藏，直到大年初四才被工作人员清查出来，带到了保卫室。

“快给你家里打电话，”工作人员非常愤怒，“要不是看你是个学生，早报警抓你了。”

危急关头，能帮自己的只有亲人。张扬终于放下了自尊，用店里的座机给父亲打了电话，说出了实情。父亲二话不说，赶紧去银行给张扬打来1000元。张扬在保安的押送下，把钱取了出来。交钱之后，澡堂终于把张扬放了，此时的他，兜里还剩下700多元。他去第一家洗浴中心赎回了衣服和身份证，还剩下600多元。大年初四的昆明艳阳高照，天气不是很冷。张扬在公园的石墩上睡了两小时，睡醒后，他想明白了很多事。

“不能再让家人操心了，我得重振辉煌。”

摸着兜里的钱，张扬决定先去买个手机，方便和家人随时联系，公用电话那种无法及时联系的不便让他十分郁闷。他来到中国移动营业厅，花500元买了个手机，并准备办一张卡。前面排队的也是一个新开卡的用户，手机尾号竟然是8888。

“你这号码多少钱？”张扬问他。

“不要钱，老总签字的。”那个人很神气。

“有保底消费吗？”

“没有，小伙子。”

张扬办好卡后出来，看到外面有很多收手机号的人，他敏锐地嗅到了商机，于是他留了几个人的电话。想到新的商机，他整夜都兴奋得睡不着觉。

4. 手机号里的商机

张扬用新买的手机联系上了朋友阿大，俩人约在金马碧鸡坊的一个天台酒吧见面。张扬把自己地想法告诉阿大："既然靓号是可以找老总批下来的，那为什么不找老总拿点好的号码，然后卖掉呢？"

张扬决定亲自上阵，去找移动公司老总要一个好号码。不过，这需要阿大跟自己好好配合。阿大发挥了很重要的作用，他各方联系后，找到了老总的号码，张扬拨了过去。

"向总吗？您好。"

"您是？"

"我是昆明大学学生联合会的副主席，我叫张扬，打电话给您，是想了解马上要推行的 3G 网络，您能安排一个时间，我们来给您做一个专访吗？"

"嗯，星期三早上吧。"

好的开头便已经成功了一半。

星期三当天，在阿大的协助下，张扬对向总进行了一场看似非常专业的采访。不仅提问问题很专业，阿大还在现场拿着摄像机一顿捣鼓，让人感觉非常郑重。整个采访过程持续了 40 分钟左右，双方对电信行业的现在和未来进行了非常好的讨论。在访问行将结束的时候，张扬提出了一个请求："我们希望成为移动的客户，来感受移动的服务，向总您可以给我们几个号码让我们体验一下吗？"张扬说出这句话的时候虽然不卑不亢，但是他的手心早就攥出了汗。

向总非常开心："小伙子，加油，未来是你们年轻人的！"

向总安排助理带张扬二人去挑选号码，张扬看着 3 个 13888 开头，尾数 888、666、999 的号码单子，极其兴奋。在离开向总办公楼之后，张扬立马打电话询问了这几个号码的回收价格，总共 3.6 万元。

依靠这种手段，张扬二人成为昆明靓号界的后起之秀，不仅挣了钱，还被同行尊称为"靓号之王"。不过好景不长，向总在三个月后终于察觉出什么。张扬再找向总签号码的时候，被直接拒绝了，财富积累到这儿便告一段落。除掉各项开销，俩人分账后，张扬有了十几万元的现金，不仅考了驾驶证，还把之前欠下的债务全部还清了。

5. 日夜颠倒的时光

年轻人总是不具备理财能力的，在手上有点闲钱之后，张扬开始混迹各种夜场。浪了一段时间后，钱也就慢慢用完了。不过，这段时间，张扬倒是跟夜场的老板混熟了。

“你小子脑子很活，跟着我干吧。”在得知张扬已经身无分文之后，仗义的老板给他抛出了橄榄枝。张扬自然没有拒绝，不过老板也没有顾及情分，而是直接给他安排了一个服务员的职务。

于是，到了 2009 年，两次创业当老板的张扬，摇身一变，成了夜场的服务生。

“先干着吧，干得不错，再让你当经理。”这句话，并不是老板的客气话。

张扬是有能力的，首先，他具备组织统筹能力，这个在当年促销活动的救场就可以看出来。两段创业经历又赋予了张扬经营思维，让他具备管理能力和大局观。最关键的是，张扬太适合夜场了，能歌善舞，能说会道，简直就是“气氛炸弹”，再加上他本身就是消费者，所以他十分懂得如何讨客户欢心，自然也就拥有了自己的忠实消费群体。对外，业绩颇丰；对内，他做事又雷厉风行，深得人心，给夜场带来了很不错的收益。老板兑现诺言，很快就将他提拔到了主管的位置。此时的张扬，可谓春风得意马蹄疾，从事的是自己喜欢的工作，月薪能到一万多元，而且不是自己的公司，也不用为公司的账目和经营烦恼，日子过得实在是太潇洒了。也正是在这个时候，他偶遇了女朋友婷婷，两个人确定了恋爱关系。婷婷是专做夜场销售的，两个人打算在老板这里好好干，这一干，就是三年。

不过，张扬的工作很特殊，总是早晨睡觉，下午起床，经常陪客户吃宵夜吃到凌晨，长期熬夜让他几乎每天都是昏昏沉沉的，这一昏沉就是三年。

三年的时间，张扬学到了很多东西，也成熟了不少。在一次宿醉呕吐后的清晨，他看着镜子里臃肿憔悴的自己，开始怀疑人生，突然厌恶现在的生活。

婷婷俯在张扬身边，轻拍着他的背。

“怎么样，没事吧？”婷婷关切地问道。

张扬虽然头疼欲裂，但大脑却是清醒的。不知不觉，从 2009 年到 2011 年，时间真是过得飞快。由于工作缘故，婷婷也要长期熬夜。张扬凝神看着婷婷带着血丝的眼睛以及变差的皮肤，真的不忍心让婷婷跟着自己受罪了。既然决定了做一生伴侣，做事情就不能只考虑自己和眼前了，得向未来看。张扬深思熟虑后，做出了决定。

“婷婷，我们走吧，重新开始。”

“好。”

“你不问我做什么？你不害怕吗？”

“我相信你。”

张扬的眼泪落了下来，两个人紧紧地拥抱在一起。

第二章（2011–2014）

维艰

1. 嵩明——重启之城

2011 年，张扬带着三年攒下的 30 万元来到了昆明周边的小城——嵩明。

在摒弃了夜场一切坏的作息之后，这个慢节奏却充满生机的小城让张扬重新感受到了生命的自由。不过，光自由还不行，人还是得吃饭的。在大脑完全松弛下来后，他确定了创业的方向——婚庆典礼公司。

张扬手上有演出人脉资源，再加上这些年的工作经验，他觉得做这个公司难度不大。而且在云南的小县城，观念相对比较传统，所以当地的婚庆市场相对空白。这是一个好时机。张扬和婷婷说干就干，俩人选址装修、购买设备，并且弄来一辆二手长安之星面包车。总投资 10 万元的专业庆典公司就在这座小城诞生了。

事情果然和张扬预料的一样，当地专业的庆典公司很少，大部分庆典都是由广告公司代理执行。所以，张扬这种专业公司的横空出世，犹如一颗重磅炸弹，他只用了三个月左右的时间便打开了市场，但是单子的金额不大，每单也就 2000 元到 5000 元。

不过，地方上消费水平也就这样，不能强求。

公司每个月能有几单生意，看着不多，但是跟同行比较起来，张扬已经做得十分不错。在他的努力下，大型母婴用品城开业庆典、当地最大房地产开发商开盘活动和当地最大家居建材城的开业活动都被张扬一举拿下。仅三个月时间，公司营业额达到了二十几万元。初创企业也有自己的弊端——供货商的采购成本压不下来，张扬没有控制好成本，所以收支相抵，前半年几乎没有挣到钱，或者说没有亏本。直到半年之后，张扬树立了企业的威信，才真正把生意推向正轨，实现了盈利。

但是，张扬的野心，绝不仅限于此。

一天下午，张扬在办公室翻看策划案的时候，一个业务员来给他推销，他递给张扬一份《时空快讯》的直邮（DM）单，上面有很多品牌广告。张扬认真思索了一下，觉得这个东西真好，可以免去商家的派发成本和印刷成本。业务员极力向张扬推销他们的广告发布优势，张扬虽然表面无动于衷，但是他的心里却盘算好了：花 3000 元做一次广告推广，检验一下 DM 报纸广告的市场效果。

在随后的一个月里，不少客户通过广告联系到了张扬。事实证明，广告效果不错。张扬觉得，庆典公司一定要跟媒体、广告结合好，才能做得更好，走得更远。

没过几天，张扬创立了自己的DM报纸广告——《金点子传媒》，他并不满足于广告投放，既然报纸广告能挣钱，他就干脆自己把这块肥肉吃了，何必让别人挣自己的钱呢。出刊之前，他对市场上现有的纸媒进行了比较，最终确定了独特的基调。在报纸广告印刷发行之后，《金点子传媒》很快便以新颖的排版设计风格、准确的市场定位和高质量的铜版纸印刷快速抢占了DM报纸的市场，公司每个月固定增收近五万元的广告纯利润。

为了做好纸媒，张扬聘请了一个设计师、一个发行主管和两个业务员。他用两三个月的时间把报纸的设计、排版、印刷、发行弄得清清楚楚。张扬对知识充满了渴求，但凡他所接触的，都务求精通。在这段时间里，他从一个不懂DM广告的人自学了PS和ID软件，甚至可以独立进行报纸的排版、设计工作。

2. 机会是折腾出来的

2012年，春节刚过，结婚的旺季彻底结束。

市场虽然冷淡，但是张扬却不允许坐以待毙。

那段时间，电视上的选秀节目非常火热，张扬灵光一现：我为什么不举办一场本地的选秀比赛呢？

张扬策划了一场本地的歌唱选秀比赛，比赛分为初赛、晋级赛和决赛，历时一个月。他准备在《金点子传媒》上刊发广告，像嵩明这种小城，平时的娱乐活动本就有限，突然出现一个选秀活动，大家肯定非常激动，关注度将会空前绝后。

商家们也从中嗅到了商机，纷纷决定加入这场盛会，掏钱在 DM 上投放广告，很多商家甚至抢着掏钱赞助选秀比赛。

事情的发展果然不出张扬所料，老百姓参与的热情很高，有几千人报名。就这样，在历时一个月的选拔和三次比赛后，最终诞生了冠军，一名民谣歌手获得了 3 万元的奖金。而张扬在此次活动中，从广告投放以及赞助中一次性赚到了 20 万元的利润。不光活动获得了良好的口碑，由于比赛场地和活动完全由张扬公司承办，所以公司也在这次活动中进一步增加了知名度，还收获了很多企业资源。与此同时，其他庆典公司却处于淡季，张扬逆风翻盘，不仅实现盈利，还赚得盆满钵满，进一步扩大了市场。

4 月，张扬启动了一个叫作“消费一卡通”的项目，叫作商家联盟，一张消费打折卡可以走遍全城，由于纸媒的宣传推广，项目取得了很大的成功。六年后的 2018 年，骑士卡火爆全球，跟这个消费一卡通的概念如出一辙，而张扬早在六年前就做了出来，并且做出了不小的成绩。在2012年当年，一卡通项目不仅让张扬在本市站稳脚跟，还打开了周边县市的市场。张扬一举又赚得20万元的利润。

在和婷婷商量之后，张扬换掉了创业之初买的二手长安之星面包车，买了一辆顶配思域。此时的婷婷已经怀孕三个月，张扬事业、爱情双丰收，决定跟婷婷走进婚姻的殿堂。双方父母见面后，将婚期敲定在了2012年5月24日。

那时候的张扬，年少有为，是很多人心目中的偶像。婚礼自然也是大办特办，不少亲友和合作伙伴都赶来捧场，整整摆了几十桌酒席。

5月24日当天，在满天的红包雨下，张扬和兄弟们冲进了婷婷的闺房，张扬很快找到了藏好的鞋子。他单膝跪地，动情地跟婷婷告白。

“相信我，我会让你幸福。”

婷婷感动得答不上话，只能一个劲地点头。张扬把婷婷抱起来，小心翼翼地走下台阶，那一刻，他感受到身为男人的责任和压力，但这丝毫不妨碍他憧憬充满希望的未来。

3. 痛失爱将

生活总是在你最顺意的时候给你一个下马威，把你打回原形。婚后的张扬醉心工作，意外也就在这时候倏然而至。

小徐是张扬的得力业务干将。6 月，他跟随张扬去外地洽谈一场非常重要的庆典。

项目洽谈得非常成功，东道主自然是盛情相邀。那一晚的宴席上，双方觥筹交错，小徐差不多灌了两斤白酒下肚，宴席散去之后，东道主又邀请张扬和小徐两个人去酒吧玩玩。由于婷婷怀孕，张扬怕婷婷担心自己，稍坐之后便告辞回了酒店，跟婷婷视频。而小徐玩得正在兴头上，张扬临走时嘱咐他："别再喝酒了。"

"好的，张总，最后一杯了。"

灰暗的酒吧，灯光绚丽，美女如云。小徐并没有听从张扬的建议，面对劝酒，他一杯接着一杯下肚。

半夜时分，张扬突然被敲门声惊醒，开门一看，是酒店的服务员。

"怎么回事？"酒精让张扬的头还有些疼痛。

"您快看看吧，跟您一起的那位先生出事了。"

张扬一下子酒醒了，赶紧冲到小徐的房间。小徐整个人躺在浴缸里，浴缸的水还在放，已经漫到了地上。

“小徐。”张扬大声喊起来，但是小徐毫无动静。

“我看到门没关，就进来看一下，进来就看到这样了。”服务员说道。

张扬用手把小徐拉起来，但是身体瘫软，根本拉不起来。

“快叫救护车，快帮忙啊！”张扬歇斯底里。

几个人手忙脚乱，把小徐从水里拖到床上。张扬不停地拍打小徐，但是除了仅有的微弱呼吸之外，他没有一点反应。

救护车的尖叫声划破夜空。

最终，小徐没有抢救过来。

殡仪馆里，张扬没脸面对小徐的妈妈。小徐妈妈的手狠狠地打在了张扬脸上，张扬没有躲。

“我儿子多次跟我说他多么崇拜你，多么信任你，”小徐妈妈大哭起来，“你为什么不照顾好他？”

“阿姨，您杀了我吧。”

听到这一句话，小徐的妈妈再次挥起了手，旁边的工作人员看不下去了，抓住了她的手。“阿姨，您儿子死了，我们都感到很惋惜，但是您得讲理，您儿子是自己过量饮酒猝死的。这位张先生当时并不在现场，而且他还劝您儿子不要饮酒了。”

听到工作人员的话，小徐的妈妈嘶吼起来，发出一连串的怪叫。

张扬跟工作人员示意没事，他径直走到小徐的妈妈面前。“阿姨，您放心吧，您是小徐的妈妈，虽然我本身不用赔偿，但是出于人道主义，我会把我能给的一切都给您。谁叫您是小徐的妈妈！”

小徐的妈妈并没有停止喊叫，但是声音稍微小了一些。

30 万元的人道主义赔偿金，双方在调解书上签下了字。

张扬对钱并没有感到可惜，再多的钱要是能让小徐复活该有多好啊！他是张扬的得力干将，是一名极其优秀的员工，敢闯敢拼，永不言弃。

张扬不在乎钱，钱却可以给他找麻烦。张扬今年虽然赚了钱，但是除去经营成本以及婚礼等花费，他的账上总共也就剩 30 万元了。这笔钱既然答应给小徐的妈妈，他就必须兑现。这笔钱转给小徐的妈妈后，张扬的资金链断裂，员工离职，合作取消，公司也就倒闭了。

此时，婷婷已经怀孕 8 个月了，现在的张扬只剩下了一辆车。孩子即将出生，张扬根本没有资格和时间消沉。他必须赶紧挣钱，否则娘俩的生存都是问题，所幸的是员工小龙还追随着他。张扬带着小龙来到了云南文山——婷婷的故乡，这里是壮族苗族自治州，一个民风淳朴的地方。

俩人起早贪黑，成功复制了消费一卡通的模式。之前只是做了县级市场，这一次是地级市场，挑战更大，机遇也更大，张扬用两个月的时间在一个陌生的地方赚到了 15 万元，这让他以轻松的精神状态迎接女儿的降生。张扬想了想，准备就在文山重新创业，文山正好是婷婷的故乡，岳父岳母还能对婷婷和孩子有所照顾。

4. 最大的贵人

步入 2013 年，张扬遇到了自己的贵人——婷婷姐姐的老公，他称为姐夫。

姐夫个头不高，很斯文，讲话随和，幽默风趣，却又让人感觉历经沧桑。实际上，他只比张扬大 8 岁，看起来却十分老练。姐夫不光在文山，甚至在曲靖和昆明，都拥有着极其广阔的人脉。在他的介绍下，张扬在一众竞争者之中脱颖而出，成功拿到在文山创业的第一单，疯狂进军广告界。虽然这一单姐夫起到了引荐的作用，但是项目最终成功还是靠张扬自己的努力。

第一单是一项庆典活动。当地很有影响力的房地产开发商，售楼部翻新后需要做一个比较大型的项目开盘活动，光会场桁架搭建的部分就接近700平方米，整个项目还包含音响、舞台、灯光、演出等全部服务。

有四家公司参与投标，其中两家是当地很有知名度的公司。张扬的公司刚成立，执行能力和硬件设备都十分有限，策划方面也没有专人运作，只能靠张扬自己。在这四家公司中，张扬的方案是最业余的，但是却中标了。

张扬并没有按正常套路出牌，而是约见了营销公司的副总，双方很聊得来。张扬用诚意感动了他，处成了朋友。成为朋友后，很多问题就迎刃而解了。做事先做人，这是永恒不变的真理。商业竞争，到最后都是谋略的较量。

这一次活动的成功举办，不仅让张扬赚到了钱，还让公司名声大噪。

由于地产公司的影响力，张扬顺势策划了当地首届家居建材博览会。机会总是留给有准备的人，就在张扬执行家居建材博览会的过程中，省报业集团把房交会这一重要的地产界风向标的开发瞄准了张扬所在的文山市，这是一个起点更高、影响力更大的平台。在营销公司副总的推荐下，张扬成功参与了房交会的策划筹备工作。

他承包了本次房地产展示交易会的家居建材和汽车行业的招展工作。因为本次活动由政府主导，来头比较大，外加张扬储备的客户资源比较丰富，这一次的项目让张扬取得了一次事业上的飞跃。他以每家 1 万～ 2 万元的价格将本地的家居建材行业进行了一次洗礼，成功召集了 76 家建材、装饰、家居、家电等相关产业商家和 14 家汽车经销商，豪赚 50 万元。汽车也从思域换成了宝马 520。

张扬并没有因为小有成绩而懈怠，而是趁胜追击，趁着这次活动的余热，顺手拿下周边地市的汽车行业和相关产业的全部合作。在距离文山 100 公里的过桥米线发源地，张扬和姐夫二人，在一个月内，创造了一项招展纪录，家装、建材展区的精装率达到 60%，片区项目总投资金额超过 300 万元。

张扬很清楚，机遇是与风险并存的。伴随着自己的成功，肯定会有人不断向他发起挑战。游击式的招展毕竟不是长远之计，他决定成立一个全媒体策划执行公司，让公司能够持续稳定地发展。2013 年的纸媒市场，竞争力是非常强悍的，而有公信力和独特发行渠道的纸媒更是可以抢占广告的市场份额。通过和报业集团的两次成功合作，外加姐夫的人脉渠道，张扬顺利地成为某品牌纸媒当地广告的总代理，直接挂名报业集团旗下编辑部主编。

公司的规模又扩大了，搬到了城区商业中心的写字楼里，员工数量也在短期内发展到了 30 多人。在拿下权威纸媒总代理的那一个月，公司像一匹黑马脱颖而出，疯狂地抢占市场。张扬把公司业务部门分为房产部、汽车部、综合部三个部分，给每个部门总监都下达了业绩考核指标。本地主流媒体的排斥和其他广告大鳄的挤兑，并没有让这个平均年龄只有 24 岁的团队退却。大家齐心协力，在第一个月，就签下了 180 万元的年度合作合同。到了 2014 年 4 月，张扬更是成功举办了国际汽车博览会。这次展会的规模和影响力是空前的，对张扬个人身份和地位的提升也是空前的。这一年，公司广告收入达到了 670 万元，会展总收入 400 万元，总销售额突破了 1000 万元。扣除各项开支后，张扬结余 300 万元的净利润。他不仅把宝马 520 换成了保时捷，还全款在文山购置了一套价值 200 万元的别墅；但是在这一年年末的时候，张扬却嗅到了市场的危机。

5. 不可抗的大环境

2014 年 11 月以后，由于经济周期的原因，民营企业的生存状态日益困难，张扬正是在这个时候察觉出了一丝危险的气息。他并不害怕跟同行竞争，但是如果大环境出现问题，那就是“天之亡我，非战之罪”，他的公司也将不能幸免。

张扬的这种危机感到了 2015 年 5 月 4 日这一天，变得极其明显。他在举办了一场大型车展活动后，已经明显感觉到经济大环境带来的负面影响，最明显的特征是地产开发商和汽车经销商并不像之前那么豪爽了，都在节省开支，压缩广告，这导致张扬公司的收益近乎腰斩。

业绩不行，但是运营成本和人工成本却仍在增加。张扬让财务算了一下，账面上也就剩 50 万元的资金了，公司陷入低迷。张扬深知，个人即便多么想摆脱困境，但是面对洪流一般的大环境，自己仅仅是一滴水而已，根本没有抵抗力。

张扬有些抑郁，想出去散散心，顺带找找别的出路。他拿着地图看了半天，从内蒙古看到新疆，又从西藏看到四川，再从上海看到深圳。深圳那边是张扬公司的设备供应方，他早就想去一趟。他想着去深圳玩一玩，顺便去定一下新的设备。余光再往下一扫，他的目光停留在了澳门。深圳他常去，但是他还没有去过澳门。不过，《七子之歌》，他绝对是张口就来。

张扬以前看过广东旅游出版社出版的一本书——《赌城不是天堂》，被里面的故事深深吸引。他知道，澳门是一个冒险家热衷的圣地，在那里，有着无穷大的机遇。对，先去澳门玩一把！

第三章（2015—2016）

深陷

1. 你好，澳门

张扬是一个行动派。决定去澳门之后，他便跟婷婷交代了一些日常事宜，随身带着 35 万元的订货款，立刻启程。他打算先去澳门玩一玩，然后去深圳订设备。

“好好玩。”婷婷知道张扬最近因为公司的事情十分苦闷，所以自然十分支持他的自由行。

说走就走，当天，张扬便驱车 3.5 小时到了昆明。随后从长水机场直飞深圳，从蛇口码头坐船到珠海九洲港，最后打车到横琴口岸。

阿勇在关口接待了张扬。

阿勇是张扬的朋友，比张扬大 2 岁，在澳门做旅游服务。个头不高，有点胖，留着长胡子。

远方，夜幕下的金沙城金光四射，永利城金碧辉煌。这奢华的夜景让张扬心潮澎湃，心情顿时好了很多。要知道，这时候的张扬除了去过昆明，还没有去过真正意义上的大城市，眼前的豪华景象打开了他的新世界。

澳门关卡有很多开往不同酒店的巴士。阿勇带着张扬坐上了开往金沙城的巴士，他开始介绍道："金沙城、葡京酒店、威尼斯人、美高梅都是澳门非常著名的酒店。金沙城距离横琴口岸比较近，不过大部分人第一次来都喜欢先去威尼斯人。如果想先去葡京酒店，是没有直达车的，要坐车到美高梅，就在葡京对面。永利跟美高梅也很近，但是永利就有很多车能够直接到达拱北口岸的澳门关闸。"

阿勇不愧是资深"澳漂"，对澳门所有酒店和娱乐场所如数家珍。

"葡京酒店后面的新丽华酒店有车能到新濠酒店，新濠天地有水舞等表演节目。"阿勇仍在介绍，但是张扬记不住那么多。

他自顾自地左看右看，欣赏着宏伟的建筑和奢华的夜景……

2. 人的贪念

阿勇把张扬安排在喜来登酒店住下。

澳门繁荣的赌博业最负盛名，游客都会体验一把。张扬自然也不例外，他让阿勇带他去金沙娱乐城逛一逛。

一开始输掉了两万元，张扬倒没有太在意，最后赢了四万多，却让他兴奋得不行。到了凌晨，他依然有些亢奋，一直到三点多才睡着。

由于睡得太晚，张扬起床时身体非常疲惫。他来到酒店的游泳池，躺在一个宽大的靠板上，享受着此刻的惬意。泳池在太阳的照耀下，水波荡漾，清澈透明，能够看清每一块瓷砖的姿态。俄罗斯姑娘在水中优雅地穿梭，几名黑人小孩在泳池内嬉闹，张扬一瞬间有些恍惚，这不就是自己想要的生活吗?

一种不劳而获的念头在他的心里滋生了。

吃完午饭的张扬又去了金沙城，不过这一次好运没有眷顾他。

他一下午输掉了 30 万元，订货款几乎输光了。他不愿意就这样离开澳门，硬要把自己的 30 万元拿回来，不得已跟阿勇借了 30 万元，又输光了。两天，60 万元打了水漂。

张扬躺在酒店的床上，浑身发抖，近乎晕厥，但他来不及自责，自己输钱倒没什么，但得想办法先把阿勇的钱还了。不过还没等张扬找阿勇，阿勇自己就找上门来了。

“兄弟，我也只有这 30 万元，不然还会借给你，你先找人把钱打过来吧，不然我没现金流开展业务了。”此时的阿勇，已经变了一副嘴脸，完全不像刚见面时那么热情友好了。

“勇哥，我回家凑一下，三天内转给你，可以吗？”张扬近乎哀求道。

“你不要让我为难！”阿勇露出凶狠的眼神，盯着张扬，然后走出了房门。一会儿后，门口站了两个小伙子，其中一个走进屋里，一把拿走张扬放在桌上的通行证：“明天把钱还了，通行证就给你。”说完，两个人就走了。

张扬没有说话，静静地躺在酒店的床上，傻傻地盯着壁画，半天看不出画的是什么。

世界上应该没有比借钱更难的事情了，借几千元钱都费劲，别说 30 万元了。张扬进行了很长时间的心理建设，翻着通讯录，一直磨蹭到凌晨。终于，他拨通了第一个电话。结局自然不用说，没戏。张扬一晚上打了十几通电话，兄弟、朋友、同学、亲戚，但是没有人借给他，而且拒绝的理由自然也是五花八门。直到电话打给了一个东莞的叔叔，他很仗义，知道张扬急用钱，立刻转了三万元钱，几乎是秒到账。张扬热泪盈眶，他看了一眼手机，已经凌晨四点多了，凌晨打电话借钱，别人都在睡觉，实在太没品德了，本来还能借给自己钱的人，也可能因为被电话惊醒而不快，最终不借钱。想到这一点，张扬决定先休息，白天再想办法。毕竟，太阳会照常升起，办法总是会有的。这么一想，张扬紧绷着的神经终于稍微松弛下来，整个人昏睡了过去。

“嘭嘭嘭！”张扬被剧烈的拍门声惊醒。屋内已经大亮，他睡眼惺忪，摸了一下手机，已经中午十二点多了。

“张扬，开门！”张扬听到阿勇的声音，赶紧起床开门。

“该处理事情了。”门打开后，阿勇一脸冷漠地走进房间，径直坐在沙发上。昨天的两个小伙子也跟着，一个站在门口，拿走张扬通行证的那个跟在阿勇身边。

休息后的张扬开始疯狂地打电话，借钱的理由千奇百怪。事到如今，他也不用隐瞒什么了，跟家人做了坦白。下午 5 点的时候，父亲汇来积攒了两年的 5 万元，朋友和同学加起来借了 4 万元，婷婷则东拼西凑，汇来了 6 万元。

还差 15 万元，张扬实在凑不到了。

“勇哥，我把宝马押你这儿吧。”张扬无奈地说。

“宝马二手车可卖不了 15 万元吧。”阿勇冷冷地说。

“那你说多少钱？”

“算你 9 万元。”

“成交。”张扬没有讨价还价的余地，他把宝马的钥匙给了阿勇，这才恢复了自由身。

张扬逃离了澳门，他坐上出租车飞奔向拱北口岸，心里默念：

永不再来！晚上八点，他出关了，坐上了去东莞的最后一趟车。他要第二天飞昆明，然后转道回家，此刻的他，家是唯一的念想。

3. 拆东墙补西墙

到云南后，天空一下子蓝了，但是这对张扬并没有丝毫抚慰，他满脑子都是要还的 30 万元的债务。除此之外，他原本随身携带的 35 万元是要处理一些车展活动费用的，现在全没了，这也就意味着他实际上需要筹措的钱还不止 30 万元。张扬心里有一种不祥之感，自己的事业可能就要因为这次澳门之行而彻底毁了，因为他的现金流就快断了，但是不管怎么样，答应阿勇的事情，说到就要做到，他从账户上一次性转了 15 万元给阿勇。就这样，公司彻底没钱了。

阿勇也是讲信用的人，在张扬给他汇钱后，他当天就发快递把宝马车的钥匙给张扬寄了过来。

“勇哥，钱还你后，我是真的没钱了，”张扬非常无奈，“但是，答应你的，我肯定做到。”

“兄弟，我知道你是讲究之人，哥哥给你支个招吧，”阿勇说道，

“你可以用你的宝马抵押贷款，具体怎么抵押，你可以自己想想。”

张扬知道阿勇说话的潜台词。其实宝马单独做一次抵押，是借不了多少钱的，但是如果可以抵押两次，那就可以多贷一些钱出来。于是，张扬联系了两个在文山的押车网贷平台，其中一家平台，张扬直接抵押了车，另一家平台，因为跟老板认识，所以张扬把行车证抵押过去后，解释说自己的车还需要开一段时间，老板很大方，也就直接放款了。就这样，两个平台，宝马 520 一共贷出了 70 万元的款。张扬现在只想赶紧拿现金流开展业务赚点钱，尽快把坑填上。

在平掉 35 万元的订货欠款后，张扬手上还剩下 35 万元。此时有人来找他谈合作：23 万元的国庆车展广告统筹项目。但是，这不是一件好事，这个合作从上月底就谈妥了，一直拖到现在还没进展。昨天下午，张扬被告知，只能照顾性地加 2 万元预算，这还不够运营成本呢。张扬这才明白，这是对手的障眼法，是在消耗他的时间，好打乱他的招商布局，说不准，竞争对手早就已经行动了。但是，这个项目是张扬唯一的救命稻草，他不能放弃，只能做好全盘策划，力争拿下这重要的一单。

然而，他想得太简单了，他在澳门的事情不知道怎么回事，已经开始在他的朋友圈子里传播。由于风评不好，很多合作方取消了跟张扬的合作。两伙人迅速出来抢占张扬的市场份额，而他此刻无能为力。这次的国庆车展项目自然也跟他无缘了。

澳门之行，张扬曾经是吃到了一点甜头的，所以在公厕墙上看到网络赌博的广告时，他的内心又开始骚动了，于是偷偷下载了应用程序软件（App）。几天之内，反反复复，剩下的 35 万元又被输光了。张扬这才知道，网络都是机器操控的，而他只是砧板上的鱼肉，任人宰割。不过，现在知道，已经为时已晚。

在抽了自己俩耳光之后，张扬冷静了下来。虽然资金面临压力，但是 15 万元的借款外加 70 万元的网贷，看上去也并不是“高不可攀”，毕竟公司的应收款还有 150 多万元呢。想到这一点，他的心情稍微舒缓了一些，他打算先回一趟家。半路上，张扬的手机提醒收到了两笔广告款，9 万元，资金入账还是让他有些得意，他盘算着拿钱好好做点实事。

下午六点到家之后，张扬带着婷婷和女儿逛街。女儿脸上灿烂的笑容驱散了张扬心中的阴霾，这也是最近唯一让他开心的事情了，虽然压力很大，但是跟家人在一起，真的很幸福。

4. 变卦的合伙人

2015 年 6 月底，张扬苦心经营两个多月，生意并没有因为他的重新振作而好转。

首先，还是大环境萧条，大家都不好做；其次，张扬的丑闻已经在圈子里传开了，业务自然也就丢了不少；第三，他催了一些应收款，虽然催了 40 万元的账回来了，但是合作方非常不满，自然对他失去了信任和再合作的意愿。种种原因，导致张扬公司的生意十分冷淡。作为创始人，张扬自然不会坐以待毙，外加巨额债务，他再也坐不住。在把公司交给婷婷暂时打理后，张扬决定去东莞看看有没有新的市场商机。他对东莞还是抱有很大希望的，因为那里有亲戚和人脉。

带着 40 万元现金，张扬开着保时捷自驾 1200 千米，到达东莞。7 月的东莞热得人根本没法出门，晌午时，东莞的街道几乎可以用荒无人烟来形容。除了吃饭，张扬压根儿就不会离开房间。

在东莞的几天里，他找到一些亲戚朋友，招待得挺不错，但是业务根本无从下手，因为他这十几年都在云南发展，在东莞是没有任何基础的。之后几天，他在万江区走访了几个朋友，不过业务上依旧没有丝毫进展。

“最近怎么样？在哪里发财呢？”一个快三年没有联系的朋友给张扬发了条微信。

张扬礼貌性地回了句：“在东莞散心呢，七哥，你呢？”

七哥是云南人，长得很彪悍，张扬做夜场时他曾经是合伙的股东。

“我在深圳啊，这两年一直在澳门做点小生意，你上次来澳门也没联系我，你电话多少？”

就是这一通电话，将张扬重新拉进深渊。侥幸和投机心理，使得张扬没能禁受住七哥的怂恿。他又去了澳门，结局毫无悬念。张扬不仅输光了自己的40万元，还输光了从七哥那里借来的30万元。因此，张扬如丧家之犬离开澳门的时候，身边还多了一个七哥，他得跟着张扬回去拿钱。

但是，张扬现在除了总计115万元的债务，哪还有钱呢？张扬从珠海驾车出发，一路经广州，穿广西，最终抵达云南。他的心情早已不如来时那么轻松。此刻，他的心底防线可谓一触即溃。因为他清醒地意识到，自己已经没有办法像以前那样筹集资金了，自己的名声已经臭了。

“公司还有100多万元的应收款，但我没有办法短期收回来，汽车抵押也已经超额太多，而且现在开的这辆保时捷还不属于我，在我姐夫名下，他是公司的股东。”张扬很无奈地跟坐在副驾驶上的七哥解释。

“张扬，你少跟我来这一套，我告诉你，我比你情况还惨，我都负债 500 多万元了。你要是有诚意还钱，别怕，应收款我跟你一起要，天下就没有我要不回来的钱！”

事情并没有按照张扬的预期发展，屋漏偏逢连夜雨，应收款还没有着落，股东却先开始反水了。

张扬接到了一个电话：

“回来了吗？下午我来找你说点事，五点半左右一起吃晚饭。”电话里的声音很热情。

“是谁？”张扬挂断电话后，七哥问他。

“一个曾经 50 万元入股我广告公司的股东。”

“他找你什么事？”

“我在高速和公路边有五个单立柱广告位，但是由于市场原因，有近九个月时间没有客户投放广告。股东的资金使用快一年了还没有回本，这和我当初融资时候的说法相差甚远，他自然对我十分不满意。”

“想要回他的钱？”七哥问道。

张扬默认地点了点头。

“搞笑吧，投资不是有赚有赔吗？他是投资，又不是把钱借给你。”七哥有些生气了。

张扬无奈地摇了摇头，“这个怪我，融资的时候，我跟他说算是我借的。”

七哥叹了一口气，“看来是‘鸿门宴’了，我跟你去。”

张扬连家都没回，下高速后，直接载着七哥去了约定好的酒店。

大门一开，张扬心里直发怵，屋子里有七八个彪形大汉，一个个凶神恶煞。

股东看到张扬进来，也没什么好脸色，连菜都没有，直接把合同甩在桌子上。“张总，这个事情这么长时间了，我已经给足你面子了，今天必须解决！你什么也不用解释，说什么都没用，因为我完全不相信你！”

张扬看了一眼老七，老七倒是很淡定，这样的场景估计见得不少，有七哥这种久经风雨的人镇场，张扬自然多了些底气。“那你说怎么解决？”

旁边一个人说话了：“张总，我叫猴子，我今天来处理表哥这件事，废话咱不说，按照商业规矩，一般按照四分利息。现在按照一年算，你应该偿还60万元利息和本金，先把这个问题解决好，展现你的诚意之后，我们再谈后面的。”

老七插嘴了："我觉得他们俩之前是兄弟，把话说开了就好，没必要我们在这里掺和，他们的事还得他们商量！"

猴子看了一眼七哥，觉得不是一般人，这个提议他便默许了。

张扬解释道："今年生意本来都难做，去年过年的时候我打过一次 8 万元给你，那 8 万元算利润，现在我再偿还 50 万元本金给你，这样可以吗？"

"55 万元！我也不黑你，相当于 2 分月息。"股东说。

张扬左说右说，把价格砍到了 53 万元，然后打了欠条，承诺两个月还清，第一个月还 23 万元，第二个月还 30 万元。原以为打完欠条按好手印后就开饭了，没想到猴子不按套路出牌。

"欠条是写了，但我哥已经不相信你了，你的车子暂由我这边保管，钱还清后再还给你。"

张扬气不打一处来，刚刚让他打了欠条，现在就开始强制押车，一点商业规矩也不讲！怎么办？张扬灵机一动，把钥匙偷偷塞给了七哥，七哥偷偷把车开走了。张扬知道，七哥这样并不是帮他，而是因为自己还欠着他 30 万元。

七哥虽然溜走了，但张扬还在跟一伙人耗着，到了七点钟，猴子实在没耐心了。"我再给你十分钟时间考虑，要么把车押在这儿，要不就派两个兄弟每天跟着你，每天 200 元工资，两包烟，你去哪他们去哪。”

张扬听到这里，终于绷不住了，他被逼急了，吼道：“这车早就被开走了。”

听到这话，猴子赶紧跑出去看，然后一脸铁青地走了回来，“你小子真是猴精猴精的。”

“现在怎么办？”股东看向猴子。

猴子沉默了一会儿，知道继续把张扬耗在这里也没用，便让张扬的家人过来签字担保，但是因为张扬在他眼皮底下玩“瞒天过海”，所以钱不能一个月再还，10 天时间就得先把第一笔还了。

就这样，张扬跟婷婷打了个电话。双方耗到晚上八点半，婷婷才过来签字，讨价还价一番后，夫妻二人承诺 15 天先还 30 万元，由夫妻共同偿还，剩余款项，两个月内付清。

“你记住了，现在你不是差我哥的钱，是差我的，十五天后是我们来找你！”张扬临走时，猴子对张扬撂下了这句狠话。

九点半，大家终于散场了，张扬的脑海一片空白。

“明天我跟你一起去收账。”七哥的电话仿佛是一剂强心针。张扬此刻迫切希望所有客户明天能把钱全部打到自己的账户上，让他早日结束这折磨的日子。但是，此刻的张扬并没有预料到，提前强制催收回款所带来的代价。

5. 剜肉补疮

第二天早晨，七哥来公司找张扬的时候，张扬正在看一份应收款名单：

九家4S店60万元，三家地产商40万元，一家大型家具卖场10万元；

总计：110万元。

不过要账得有理由和方法，两个人商量后，决定按照以下流程。

第一步，打电话告知，理由是急需资金周转，让他们自行说个时间；第二步，到店拜访，说明资金的确困难，要求对方给出准确答复；第三步，翻脸吵架，激怒对方；第四步，威胁并投诉至汽车厂商（针对4S店）；第五步，拉布标维权；第六步，工人坐店不走……

这一套要账的方法效果很明显，只要店铺还开着，几万元都是能给出来的。不过张扬这样一闹，付出了很大的代价，用这套催收模式，张扬在当地用几年时间苦心塑造的形象毁于一旦。走投无路的张扬并没有考虑到，他催收的对象是他的衣食父母，钱可以结清，但合作全部终止。张扬就这样稀里糊涂地顺着七哥的思路，葬送了自己所有的人脉和口碑。

不过，效果确实很好，仅仅一个星期，张扬收回 70 万元，另外 40 万元都在非常明确的时间范围内。张扬先还了七哥的 30 万元，还了些网贷的利息，发了拖欠 2 个月的员工工资，最终还剩 27 万元左右。

但是欠的钱却远不止这么多，张扬给自己的欠款做了一下梳理：信用卡欠款 17 万元，银行小贷贷款 20 万元，亲戚朋友近两个月借 15 万元，汽车抵押借款 70 万元，公司股东 53 万元，公司应付款 85 万元，合计 260 万元。

两个月前，情况虽然也很难，但他一直觉得只不过是应收款和外债基本持平的状态，一切都还能应付；不过账单一算后，他现在负债 260 万元，应收款加上手里的资金，只剩下 67 万元了，算上押车以及公司运营的全部成本，得保持公司每个月最少要有 10 万元以上的纯利润，他才能维持下去。当然，这还只是理想状态，因为过几天他就要先还股东的那 30 万元，而公司近两个月的进账，几乎可以忽略不计，这样下去，张扬撑不了多久。于是，他进行了一次大裁员，只保留了财务和设计、副总经理、发行经理、市场部专员两名。加上张扬自己，公司骨干还剩 7 人，发行人员由原来的 14 人减到 5 人。原来近 30 人的庞大传媒运营团队现在只能硬撑了，还能撑多久，张扬也一片迷茫。公司的运营成本被缩减至每月 3 万元。

姐夫这时候突然来电话了：“我们好好聊聊。”

通话时间很短，话越少，事越大，张扬心里七上八下。他惴惴不安地开车去了姐夫家，姐夫正坐在书房里等张扬，茶桌上的水壶正在沸腾，姐夫拎起水壶往茶壶里倒水。

“坐。”姐夫没有抬头。

“嗯。”张扬小心翼翼地坐到茶桌对面。

“这几年，你应该也赚了不少钱，但我也基本没有分过公司一分钱，对吧？”姐夫边泡茶边和张扬说，依旧没有抬头。

张扬心里直打鼓，这个开场白让他感觉非常不好，他没有回话。姐夫继续说，“虽然我们算是一家人，但有些事我也要和你说清楚。从去年到现在，我自己矿山的经营也快扛不住了！现在大环境都这样了，你不想着怎么盘活公司，还跑到澳门去玩。”姐夫指责张扬，但是张扬不敢还嘴，姐夫是自己事业上的恩人，无论是智商还是情商上都远远高出自己，姐夫说话，自己只有听的份。

看张扬不说话，姐夫深深地叹了一口气，“53 万元的事情我听说了，我帮你还 20 万元吧，但是要到年底经济上宽松些才有，三年前我投入的 40 万元启动资金也就算了吧，公司的保时捷归我。以后公司你就自己打理，我就不参与了，当然，有需要我出面的时候，你尽管说话。”

姐夫很仗义了，一里一外，等于白送了 60 万元给张扬。张扬无法形容此时的感觉，只是低声说了一句：“等我去一趟昆明，回来就把车给你。”然后抽了支烟，灰溜溜地走出门外。

“希望你把公司好好打理起来，梳理下思路，任何困难都会过去。”姐夫的声音在背后响起，但张扬没有回头，他感觉全世界都在离他而去。

6. 你是一缕清风

张扬给婷婷留了 2 万元备用金，自己带着 25 万元想去昆明找找机会。

2015 年 7 月 10 日下午，张扬入住了昆明南亚风情园的阳光大酒店。躺在酒店的床上，张扬才顾得上看手机，打开微信一看，有 19 条未读消息，有股东的，有客户的，有朋友的，很多人发来的都是关心的消息。

出什么事了？张扬很纳闷。他赶紧打开朋友圈，看到的消息气得他浑身发抖。

朋友圈第一条是张扬和婷婷的合影，照片上还加着文字：这两口子，欠钱不还！

张扬气血上涌，他连续往后翻了几条，发现这条朋友圈被很多人转发了。他心中的怒火一瞬间爆发了，他先是跟猴子发了一句语音："猴子，我跟你无冤无仇，钱我也答应还你了，你为什么还要这样置我于死地？"随后，他编辑了一条很长的信息发给股东："我俩朋友一场，你也确实帮过我，而且我确实也有愧于你，这几天，我已经想尽办法到处筹钱，我是觉得不管我现在怎么困难，我也要坚持先把你的钱还清了。可是今天，你让我彻底绝望了，我很多朋友给我打来电话，说我和我老婆成了微信朋友圈的红人，到处都是我俩的照片，我已经没有脸面对他们，更不要奢望还可以找他们借钱。我不知道我到底跟你有什么深仇大恨，你要这样对我，我要通过法律途径解决我俩之间的财务纠纷，让法律来判定我该支付你的经济损失，同时，我也要通过法律还我仅有的一点尊严。"

张扬踌躇很久之后，发出了短信，但是没有回复。

一整晚，张扬失眠了。他想了很多，按照目前的情形，钱肯定是还不上了。他有点想开溜，去外面赚到钱再光明正大地回来还钱，像现在这样继续在当地待着，百分之百是赚不到钱的。但是要跑也不能光自己跑，得带上家人。他想了几个城市，首先是北京，但是他这么多年一次都没去过，而且还要带着一家子，这种北漂的难度太大了。第二个想到的是上海，上海是大都市，这也就意味着，资源已经被聪明人充分占领了，想要冲出一条路来是十分困难的。武汉倒是可以考虑，而且有个同学混得不错。不过张扬前不久还跟他难分伯仲，现在去投奔他，实在是放不下脸面。张扬划着手机通讯录里的名单，把城市一个个否决。突然间，一个名字突然出现了，张扬划过去之后又划了回来。

“小雯，昆明。”张扬仔细想了一想，也没想起来是谁。想到备注正好在昆明，便搜索手机号，加了小雯的微信。几分钟后，小雯通过了好友邀请。张扬翻看她的朋友圈照片才想起来，俩人是在某次地产商酒席上认识的，当时只是匆匆见了一面，留了电话。

“张总还记得我呢？”小雯发来信息。

“嘿嘿。”张扬不知道如何回答。

“我看你动态显示在昆明啊。”

“对，来昆明玩一玩，请你吃个饭？”

“好，什么时候？”

“那就下午一点吧，永善街 57 号。”

“不见不散。”

张扬看看时间，已经凌晨三点了，股东依旧没有回消息。张扬跟小雯回复了一句“晚安”，便睡觉了。

中午的昆明，天空格外蓝，天气不算热，但也没有凉意。一点钟，张扬已经准时坐在咖啡厅外面的座位上等着了。他有提前十分钟赴约的习惯。

咖啡厅播放着杨宗纬的音乐，“其实很简单，其实很自然……”听着有些伤感。

张扬戴着墨镜，穿着白色的衬衣，强打精神。忽然，后面有汽车驶来的声音，张扬扭头一看，一辆红色路虎缓缓停在路边。驾驶座下来一个气质端庄的女孩，留着干练清爽的短发。

“张总，好久不见。”正是小雯。

张扬赶紧起身迎上去，握住小雯的手，“好久不见。”

“这是送给你的。”小雯递过来一个高档包装盒。

张扬微笑着说了声谢谢，顺手接了过来。第一次见面没有预想的尴尬，两个人仿佛老朋友一般自然。

落座后，张扬把餐单递给小雯：“你看看，点些什么？”

趁小雯点餐的时候，张扬小心地打量着小雯。香奈儿最新款式的女包、百达翡丽的手表、Vertu 手机、Cucci 新款腰带、LV 经典女款红色高跟鞋。天呐，这是什么级别的大咖？张扬心里惊呼。

不过，两个人并没有聊太久，只是简单聊了下彼此的近况，胡侃了些事，坐了半小时左右，俩人约定下次再会，便分开了。

张扬回到车里，把包装盒放在副驾上。打开一看，竟然是 Gucci 的男款腰带，小雯出手真是阔绰。张扬拿着腰带欣赏了一会儿，重新放回包装盒里，然后打开手机，好家伙，75 次呼叫记录。刚刚为了不影响和小雯的交谈，他特地把手机调静音了。没想到才半小时，就这么多未接电话。他看了看未接记录，大多是供应商和广告同行，张扬欠着他们的款项。他把手机丢在一边，没有回复。如果只有几个未接，他肯定会回过去，但是 75 次实在太多了，他实在想不通那些打电话不接却还一直拨电话的人，别人如果愿意接电话，看到一两个未接自然会回过去，如果不想接，打 100 次也白打。

现在已经不是先还股东那 30 万元的事情了，张扬的债务危机全面爆发。他算了算，还有四天就到 30 万元还款期限了，现在的每一分每一秒对于他来说都很重要。他想着就算自己先躲一躲，也得先回去把公司和家庭的事情处理妥当。于是，他一刻也不敢在昆明待了，连夜退房，开车赶回家里。

7. 再次倒闭

回家后，张扬立刻做了三件事。

第一件事，他决定终止公司报纸广告业务，结清发行人员工资，并且辞退所有员工。工资提成多的就先压着，剩下的六个人毕竟都是跟张扬一起奋斗过的。当张扬告诉大家要散伙的那一刻，有两个员工哭了。张扬知道，他们不是在意工资提成，而是对一起拼搏的岁月有了感情，对辛苦打下的江山感到可惜。眼泪也在张扬的眼眶里打转，但他没有办法。事情到这一步，他的公司等于再次倒闭了。

第二件事，张扬把公司的锁给换了，钥匙交给了三年老员工小李保管。想着以后万一回来重开业务，公司的电脑和桌椅还可以用。

第三件事，张扬按照约定把车还给了姐夫，并和他坦白了自己的处境，也算是给自己留条后路。

办好这些事情之后，张扬把三岁的女儿交给岳父岳母先带着。他嘱咐岳父岳母，如果有社会人员上门找事，就立刻报警。

休息一晚之后，张扬带着婷婷离开了老家，俩人坐上前往曲靖的汽车，不知道前路在何方。

张扬已经很多年没有带婷婷坐过车了，看着路边闪过的景象。张扬不禁想起多年前和婷婷一起奋斗的日子，那时候的张扬，虽然身无分文，但也没有负债。做夜场那会儿，张扬每晚可以保持 300 ～ 700 元的收入，这个工资水准在 2015 年都算很高了，更不用说是当年。那会儿，张扬带着婷婷去了很多地方做夜场。2008 年，俩人去了香格里拉，在当地一家四星级大酒店夜总会，张扬担任舞台主持人，婷婷则是助手。后来，俩人转战普洱的大型剧院，又去过丽江的各个演艺吧讨生活。在圈内小有名气后，俩人开始到处接活干。昆明、贵阳、六盘水、宜宾、德阳、绵阳、成都等地的舞台，都曾留下他们的汗水。

张扬想到以前的生活，不免感到辛酸。难道又得回到跑场时候的日子吗？虽然能养活自己，但是他不愿意再回到黑白颠倒的生活。那时每天醉生梦死，拼尽全力，只为博客人一笑。而且，现在的他也不再是那个可以不顾一切到处去闯的野孩子，他是一个孩子的父亲，是三个家庭的希望，他还负债几百万需要偿还。虽然还不知道出路在哪里，但是看着身边睡着的婷婷，他暗暗发誓，要做点正事，重新创业，一个月内赚到 100 万元，把车先赎出来，还掉一些外债，回归正常生活。

8. 失败的三次创业

到达曲靖之后，张扬先把婷婷在酒店安顿好，随后去找老徐。老徐是张扬的老朋友，以前有一起做夜场的经历，关系还算不错，知道张扬来曲靖了，便想找张扬聊一聊。张扬知道老徐混得还不错，自然想从老徐这里找点机会。

老徐确实给机会了，他想让张扬想办法在曲靖给他重新办一个夜场，如果能开业的话，可以给张扬 80 万元的活动经费。

做夜场是张扬的老本行，而且想想这 80 万元可以解决自己不少问题，张扬自然一口答应下来。

和老徐分开后，张扬想起今天是 30 万元的还款期限，他担心猴子会闹事，干脆就不闻不问，把手机设置成飞行模式，这一设置就设置了三天。

三天之后，他联系岳父岳母，这才知道，猴子他们找不到张扬，却没有闹事，一切风平浪静。张扬稍微安下心来，赶紧联系姐夫，请教他重新开夜场是否可行。姐夫的一席话点醒了张扬。

“这种夜场存在很多非法交易，所以整个曲靖市已经全部取缔了这种夜场经营活动，根本是不可能开业的。”张扬可不敢跟违法的事情沾边，所以 80 万元重新创业的计划只好作罢。

不过，张扬的机遇倒是很好，没有几天，另外一个朋友找到他谈合作。

“这事情你要是能办成，我直接给你 100 万元。”朋友说。

朋友有一个加油站，手续齐全，但是他想把报批的位置挪到 100 米外的国道旁，只要拿到市商务局的批文就可以。如果张扬可以办到，他将直接支付 100 万元给张扬。

张扬心里冷笑：你还真看得起我，这个不是一般人能办的吧。

不过因为报酬丰厚，张扬还是想试一试。姐夫这时候又给张扬提建议了，“现在不同以前了，不要老想着走关系解决问题。”张扬觉得姐夫提醒得很对，他便仔细研究分析了加油站附近的车流状况，并对营收进行了评估，最后做了很多页的评估报告，证实了位置移动对加油站营收以及税收的增长确实有巨大的帮助，而且对需要加油的顾客也更便利。张扬带着报告去与政府洽谈，不过因为规划涉及曲靖市政府后面多年的规划，所以移动是不可能的。第二次的计划也只好放弃。

接连两次机会，张扬并不是没有把握，而是实在能力有限，他觉得有些懊丧。他躺在酒店看到电视上正在播放第四季“中国好声音”，脑海里突然有了个好点子：办“中国好声音”巡回演唱会！

“中国好声音”那时候非常火爆，张扬觉得这件事情要是能成，前途不可估量。他说做就做，开始谈场地，走各种报备流程，到公安、文化、消费、安检等部门了解走访，同时联系经纪人，确定各类学员的报价，做整体招商策划方案。

一切准备就绪后，就差支付给艺人的定金了，张扬算了算，前期得 40 万元。他自己身上有 20 多万元，只要再筹到 20 万元，项目就可以启动。他当时没有太多考虑盈利的问题，他心里清楚，仅靠演唱会的票房应该就能解决现金流的问题，为此，他很兴奋。

不过，钱从哪里凑呢？他用很长的时间打电话、登门拜访有资金实力的朋友，但结果出人意料，竟然每一个人都不愿意借。整整十多天，不仅一分钱没有筹到，为了走动，张扬还把自己的钱花了一半。他这才意识到，自己的名声早就臭了，已经没人相信他了。

张扬借酒浇愁，而他颓废的样子也彻底点燃了婷婷的怒火。

“你说你还是不是人，好好的日子不过，弄成现在这样，连家都不能回！”婷婷歇斯底里。

“你说什么呢？”张扬满脸醉意。

“我说你不是人，你是畜生！”她吼了起来。

“我怎么不是人了？我们不是还好好的在这儿吗？有什么大不了的。”趁着酒劲，张扬回应道。

“张扬，我害怕了！你变了，变得不再是以前那个你了，整天想着投机，想着一夜暴富，脑子里已经装不下任何好话了。现在，你又天天想着一下子赚几百万，你现在还有什么资格？本钱没有，人也得罪完了，老天凭什么让你赚几百万，凭什么？”

“那你到底要表达什么？”张扬被她的话激怒了，也吼了起来。

“每天喝得烂醉，大中午才起床，你已经废了。我告诉你，现在连你爸妈都不管你了，全世界除了我，还有谁会理你，你竟然吼我！”

婷婷说得没有错，她是唯一陪在自己身边的人了，张扬没有回应她，陷入了沉默。

婷婷流下眼泪，她冷静了，“我明天回去，我想女儿了。”

“猴子他们找你怎么办？”张扬也冷静了。

“他们能拿我怎么样，我报警，说他们逼我签的字。”

……

第二天中午，张扬把婷婷送到了客运站，看着她离开的背影，张扬心里五味杂陈，此刻的他已经没有挽留婷婷的资本了。

回到酒店的张扬陷入了抑郁之中，甚至动了轻生的念头。他一个人躺在酒店发呆，从下午到晚上，再到深夜，他几乎一动不动。

到了凌晨两点，他终于拿起手机，编辑了两条长短信，发给了父亲，另一条发给了婷婷。随后，他打开了酒店的窗户。张扬住在酒店的 17 楼，他想从那里纵身一跃。在此之前，他把身上仅剩的 10 万元，给父亲转去 2 万元，给婷婷转去 8 万元，浑身上下，他只剩下口袋里的几百元了。

电话响起来了，张扬一看，是婷婷打来的，他没有接，紧接着，父亲也打来电话，他还是没有接。他不敢接，他知道一接电话自己肯定会心软。他直接把手机调成静音，任凭他们打吧。

张扬抬来一把椅子，爬到窗户上，下面是曲靖安静的夜晚。他一边喝着啤酒，一边哭了起来。

"砰砰砰"，急促的敲门声响起，这个声音一下子让张扬没了底气，他从窗户上下来去开门，原来是以前在夜场带过他的师傅。师傅在曲靖工作，接到婷婷的电话，立马赶了过来。

"小张，有事跟师傅说。"许久不见的师傅，看着沧桑了不少。

师傅的人生阅历毕竟更丰富一些，经过一番劝阻和开导，张扬极端的想法被扭转了过来，他赶紧打电话给父亲和婷婷报平安。父母和婷婷都哭得非常伤心，他们告诉张扬，什么都没了都没关系，只要人在就有希望，千万不要做傻事。张扬想到父母日渐佝偻的身躯，想到婷婷抱着孩子的绝望情形，狠狠地给了自己一个巴掌。

“我真不是个东西！”

送走老师傅后，张扬对自己的状况进行了反思，曲靖这座小城肯定是没有什么机会了，他想去昆明看看。小雯的影子一下子跃进脑海之中，她一看就不是普通人，或许她那里能有一些机会。张扬说走就走，第二天下午坐上了曲靖开往昆明的动车。

9. 唯有友情不可辜负

“到昆明了吗？一起吃个饭。”小雯发来微信，张扬出发时已经提前跟小雯打了招呼。

“快到了，但是我没有开车，你能来接我吗？”此时的张扬已经没有车了，但他还想在这个熟悉的陌生女子面前保留一点自尊。

“好，那你在车站等我。”

张扬下车后，在出站口等了半小时，小雯终于到了，张扬坐上了车。

“这个送给你。”张扬把手上戴的108颗沉香手串送给了小雯，也算是第一次见面时小雯送自己礼物的回赠。这副手串是张扬一个做红木家具的老大哥送的，寓意平安和好运，张扬戴了有两年了。

“谢谢你！”小雯戴上试试，五圈刚好合适，她便顺手把珠子挂在车子的后视镜下方。沉香珠散发出来的独有的香味让原本不是很熟悉的俩人少了些许尴尬，增加了一点轻松的氛围。

傍晚五点半，昆明的北京路堵得不太像话，不过俩人因为不是太熟，所以脾气都还挺好，他们一起聊音乐、聊美食、聊电影，打发着时间。

一小时后，他们到达了翠湖边的一家比较有名气的广式餐厅。餐厅装修得很好，有人在弹钢琴，这提升了整体的氛围和格调。

“点菜吧！”落座后，小雯把菜单递给张扬，菜单上的价格把张扬吓了一跳，很贵。

其实张扬个人不太爱吃广东口味，可能还是跟从小出身不好有关系，小时候只要能够填饱肚子就行，哪管好吃不好吃呢。

“我比较喜欢吃素，海鲜吃了会过敏。”他解释了一下并把菜单顺手递给了小雯。事实上，张扬不敢点菜，他怕口袋里仅剩的几百元不够结账。

小雯点了一个荤菜、四个素菜和一个汤菜，外加一瓶红酒，天哪，红酒最便宜的488元！

“酒就不喝了吧，一会你还得开车，吃完饭我们再去喝！”

这是张扬最后的挣扎。

小雯微笑着说：“喝醉了可以喊代驾，没关系的。”

俩人边吃边聊，红酒是个需要品的东西，大师级别的品酒师能喝得出真假和年份，但张扬在红酒面前是“小白”。

“来，为了我们的友谊，干杯！”张扬觉得自己很好笑，说的话很老土。

最尴尬的时刻还是到来了，吃完饭，该结账了，一共 1028 元。

张扬当然得站出来抢着买单，他手心里都是汗，一买单就要露馅了，他浑身就剩几百块，下一顿饭还没有着落呢，没想到小雯抢着买了单。

“我是这里的 VIP 会员，账单是可以直接扣的，不用在意。”小雯莞尔一笑。

张扬看着窗户外的翠湖公园，他终于避免让小雯看到自己的窘迫了，心情终于放松了下来。

借着大半瓶红酒的酒兴，张扬提议跟小雯去唱歌，KTV 的钱自己应该还是能付得起的，毕竟不能白吃别人的饭，否则要被瞧不起的。

“我打个电话，跟爸妈说一下。”小雯打电话，说了一串张扬听不懂的话。

小雯挂电话之后，张扬问道："你这是哪里的方言？"

小雯笑了笑，"这不是方言，是缅甸语。"

"你是缅甸人？"

"一半吧，中缅混血，我妈是缅甸人。"

"我说你的气质有些特别呢！"

"走吧，去哪里唱歌？"小雯问道。

"两个人就去温莎吧，量贩好一些。"张扬回答。

"好，那就去春城路温莎！"小雯发动了车，她没有喝酒，只是小抿了一口。

到达目的地之后，趁小雯停车，张扬抢着付款开了一间中包，还买了一打啤酒和一些果盘小吃。张扬玩夜场的经验很丰富，毕竟以前是干这一行的，但两个人唱 K 还是头一次。张扬做夜场那会儿，摇色子水平堪称天下无敌，俩人一边摇色子比赛，一边开始拼酒，随着啤酒一瓶一瓶减少，俩人也开始飙歌。

小雯先唱了一首邓紫棋的《泡沫》，水准不错，可以打 85 分。她唱完之后把话筒交给张扬。

"你唱得这么好，我怎么敢唱。"虽然张扬不太好意思唱，但此情此景，也不得不唱了。于是，他便放下矜持，开始唱起来，先是独唱，后来是俩人合唱，《因为爱情》《爱是你我》《美丽的神话》《不浪漫罪名》《花好月圆夜》。两个人的聚会在此刻达到了最高点，随后便挥手告别。张扬给小雯叫了个代驾，想想不放心，自己也上了车，一直把小雯送到家门口，看到她摇摇晃晃地进屋，自己才打车去酒店办了入住。

张扬喝了不少酒，加上红酒和啤酒的复合作用，他陷入深度睡眠。近些时间，他的睡眠从没有像今天这么好过。直到第二天中午 11 点，他才醒过来，头疼得厉害。张扬打开手机一看，有一些催债电话，但是他不想回过去。微信上还有两条小雯的未读消息，其中一条信息：你人品很不错，我很开心和你成为朋友。

“你也很不错，我很久没有这么开心了，谢谢你把我当朋友，从此以后，你也是我独一无二的朋友。”张扬说的是心里话，但是他也是有私心的，小雯的资源不一般，张扬希望能从小雯身上找到东山再起的机会。

“我最近不是很开心，遇到你之后，我蛮开心的。你有时间的话，可以陪我一起出去走走吗？”

“想去哪里？国内还是国外？”张扬回复。

“一路向西。”小雯回答。

“好，那就先去大理走一走。”

“怎么去，开你的车还是开我的车？”

“开你的吧，我的车在 4S 店修呢，我负责当司机。”张扬撒了个谎，他不敢告诉小雯真相。

两个人约定时间后，便各自收拾好东西。张扬现在跟个流浪汉似的，也没什么行李需要收拾。他把东西整理好之后就躺在酒店里等小雯的消息，等了半天，小雯终于发来消息：到酒店门口了。张扬赶紧拖着行李下楼。

汽车行驶在高速公路上，CD 里播放着李荣浩的《模特》。

“对不起啊，女生出门就爱整理东西，所以时间耽搁太久了。”

“没关系的。”

张扬开着车，小雯坐在副驾上，漫无目的地侃大山。

“古城就不要去了，直接去双廊吧。”小雯提议。

“嗯，双廊好，宁静，充满着自然的野性。”

10. 从洱海到丽江

坐落在大理洱海边的双廊，每条小巷子的尽头都连着洱海，洱海又连接着蓝天，“秋水共长天一色”，用在这里也很合适。

张扬和小雯开了两间海景房，面朝洱海，遥望苍山，风景真是太美了。

小雯下午出去见她的闺蜜，张扬一个人躺在窗边的靠椅上，明媚的阳光照射在客栈的每个装饰细节里，令他感到十分惬意。放眼望去，洱海和孤岛、游船和游客、蓝天和白云，组建出一幅美丽的自然画卷，这是大自然的恩赐。

张扬的内心突然变得宁静下来。

紧接着，他感觉自己释然了，也不想再逃避了。

债务危机似乎也并不是那么难。

电话响了，是猴子打来的催账电话，张扬竟然接了。

“好家伙，你终于接电话了。”

“我没钱了。”

猴子的语气有了很大的变化，张扬估计还是自己给股东发的那一条短信起了作用。

“那我再给你一点时间，你好好想办法。”猴子挂断了电话，竟然没有说什么威胁的话。

设备供应商的电话响了，张扬也接了，依然实话实说，没想到，他们安慰张扬道：“那点钱没有关系，人只要信誉在，一切都会好起来。”张扬想了想，估计是自己想要轻生的消息不胫而走，债主们都不敢逼他了。

员工打来电话要工资，张扬耐心解释，安抚他们，无论如何都会发工资，但是需要些时间。

就这样，张扬的电话不再静音，也不再设置飞行模式了，他想通了，任凭暴风雨来袭，自己都要努力扛住。

当然，张扬跟其他人坦白，自然也要跟小雯坦白，吃晚饭的时候，张扬对小雯说了实话。

“小雯，我最近其实挺不好的。”张扬支支吾吾地说。

“我知道。”小雯的回答吓了张扬一跳。

“你怎么知道的？”

“女人的第六感很准的。”小雯笑了。

张扬有些尴尬，原来自以为是的隐藏早就被别人看穿了。

“整体大环境不好，公司效益一落千丈，运营压力很大，债务也都随之而来了。”张扬说。

“我感觉还不止这些，我跟你说了，女人的第六感很准的。”

张扬有些忐忑，但是他知道小雯把自己当朋友，他便决定不再隐瞒了，“去澳门玩，输了不少钱。”张扬觉得自己很可耻。

“没事的，困难总会过去，我相信你。”小雯的回答云淡风轻，到底是经历过怎样大风大浪的女人才能如此淡定呢。“我很开心你跟我坦白，说明你把我真正当朋友了。其实我也有自己的秘密和苦恼。”小雯讲述了自己的故事。

原来，小雯有一段不幸的婚姻，仅仅维持了几个月。如果没有遇到张扬，她可能就想不开了。

“不说了，”她眼眶含泪，“明天我们就要去丽江啦！”

张扬温柔地看着小雯，郑重地点了点头，这是来自朋友的鼓励和支持。

“你放心啦，我知道你现在财务危机，旅游的所有费用我都包了。”小雯豪爽地说。

说是这么说，但是张扬还是要面子的，只让女孩子花钱，他实在接受不了。之前的一段旅程，张扬实在是囊中羞涩，但是到丽江就不一样了。张扬工作初期曾经在丽江待过很长一段时间，在各个夜场都很熟，结交的朋友也很多。老同学也有很多在丽江发展，张扬去丽江的很多场所玩，只要刷脸就可以了，压根不需要付费。

丽江是一个非常有意思的地方，小桥流水可以说是无处不在，整座古城到处都是青石板铺就的道路以及古色古香的土木结构房屋，随处能见到垂在水中的古老树丫，这一切都仿佛在诉说着古老的丽江故事。张扬和小雯因为走错了路，所以到达丽江古城时大约是傍晚五点半，俩人在张扬很熟悉的四方街附近的一家客栈开了两间房。

老板娘风趣幽默，标准的云南普通话让游客感觉特别轻松。张扬虽然几年没来了，但老板娘还记得他，看到是张扬，连押金都不让付，十分客气。

客栈的院子里有一张木质的大桌子，整天都有人在泡茶，游客只要想喝就可以坐下品茶，仿佛跟在家里一样，这就是丽江的特性——随性、自由。

茶桌旁有一对年轻男女在玩纸牌，在老板娘的撮合下，张扬和小雯也加入了。老板娘则去厨房炒菜，晚饭大家一起吃。他们玩了没一会儿，老板娘就端来番茄炒鸡蛋、炸小鱼等几个菜，大家边吃边玩，一直玩到八点半。

丽江古城的夜晚十分热闹，张扬拿起电话拨通了一个朋友的电话。

“康康，我到丽江了，一会儿去你那里玩。”

“怎么不早打电话，吃过饭了吗？”

“吃过了，一会儿见。”

康康是“中国梦之声”入围歌手，也是“丽江四咖”之一，在全国发行有单曲《在路上》，还是丽江最火爆的音乐火塘酒吧“遇见”酒吧的创始人。

张扬和小雯顺着四方街悠闲地走着，一路上，人流攒动，人声鼎沸，古城到处充满着繁华和怀旧的气息。不过酒吧确实不好找，张扬问路，问了好几个人，都不知道。

“老板，买个甜筒我带你们去！”一个本地小商贩说。

张扬花 30 元买了个冰激凌送给小雯，一个纳西族小伙子帮俩人带路，左拐右绕好一阵子，终于找到了酒吧。

“遇见”酒吧，虽然没有城市酒吧的华丽，但有它最朴实的文化，虽然面积不大，但绝对能装下所有来丽江的人的那颗心。俩人走进酒吧一看，老窗花做的布灯，粗布做的垫子，就连座位也毫无规则地摆放着，在灯光的照射下，折射出来的是关于夜色丽江的一切美好元素。“遇见”两个红色字样格外醒目，墙上的标语也很吸引人：“在‘遇见’里遇见本身就是一个故事。”

康康提前给张扬安排了卡座，十点不到，酒吧已经全场爆满，小雯客气地问服务员酒多少钱一打。

“480元。不过在这儿，有他们老板请客。”张扬笑着告诉小雯。

十点半，张扬和康康碰面寒暄了一番，俩人聊了聊近况。张扬和小雯彻底狂欢，疯狂地喝酒，疯狂地高歌，彻底地释放压力。

第二天，在康康的邀请下，张扬带着小雯参观了康康的“遇见湖畔酒店”，然后就近在“古城高尔夫”玩了一会儿，晚上一起去《一个歌手的情书》的创作人周三所开的江湖酒吧。两个人的洱海、丽江旅程到此便告一段落，随后便驾车返回昆明。

11. 新加坡之行

经过这一段时间的放松，张扬的心情有了明显的平复，而且收到了一笔13万元的广告款。张扬给女儿交了学费，给婷婷打去一些生活费，给自己留了8万元做生意，其余的都分配给了利息和欠款，不过实在是杯水车薪，但不管怎么说，情形多少有点好转。

“刚哥，你那儿有好的项目做吗？”张扬看到刚子在朋友圈发广告，大概是投资本金赚取利息的意思，他便私信刚子。

“这事电话里说不清楚，你来曲靖一趟，我们当面谈。”刚子回复道。

张扬当天就坐车从昆明去了曲靖。两个人见面之后，刚子给张扬介绍了情况：10000 元，一天利息 500 元，但是要跟公司四六分。张扬算了算，8 万元的话，一天就是 4000 元，一个月就是 12 万元，自己可以拿到 7.2 万元，看着还是挺可观的，但是民间借贷这一行水很深，很多公司游走在红线边缘。张扬要查一下公司的资质以及手续，如果是正规公司的话，他是愿意尝试的。刚子把营业执照和金融资质拿出来给张扬看。

“手续都有，作为朋友，我不可能坑你。”

张扬看了一下公司的营业执照和相关资质，确实是正规公司，不过他还是犹豫，毕竟要一下子把所有的钱打到刚子这里，还是有些风险的。

“我先考虑一下。”

刚子带张扬参观公司日常的工作内容，正好有一个人过来借钱。张扬目睹了签合同、复印身份证、签字画押等整套流程。

“他要是还不上怎么办？”张扬小心地问道。

“那就对不住了。”刚子的声音有些发冷，听得张扬脊背发凉，他突然想到自己其实也是被催债的对象。“怎么样，你考虑好了吗？”

“我再想想。”张扬跟刚子告别后就走出大门，他觉得做这种事情不太好，而且风险比较大，很多公司在实际经营中不一定正规，所以自己还是不冒险了。况且，他也不忍心变成债主去跟别人要债，这对于他来说，内心比较煎熬。

张扬梳理了一下自己的债务，已经累积快到 300 万元了。他现在就算一分钱也得在自己手里攥着，不敢轻易拿出去做风险投资了。这条投资路既然行不通，张扬便在当天又回到了昆明。

“我要去一趟新加坡，你跟我一起去吗？”张扬坐在车上的时候，小雯发来微信。

“什么时候去呢？”出国的话，张扬只去过越南，还没有去过其他国家。他心里感叹小雯真是潇洒，天涯海角到处游玩，也不用担心生计问题；但是小雯给他发出邀请，他也不好意思拒绝，即便他现在压根儿没有心思出去玩。

“还有四天。”

“四天，签证办得下来吗？”

“如果要去的话，你把护照和资料给我，可以的。”

新加坡网申电子旅游签证是世界上核准最快的，从申请之日算，48 小时之内核准，而且不需要交护照，不需要去大使馆，但是需要新加坡本地一名 PR（永久居民）或 Citizen（公民）做名义担保。

出去看看外面的世界也好，说不定有新的机遇，张扬配合小雯准备了需要的资料。小雯找了人做担保，张扬的护照两天就办好了，她又订了机票，于是两个好朋友又开始了新加坡之旅。昆明长水国际机场每天都有飞往新加坡机场的直飞航班，航班飞行大约 4 小时的时间。俩人抵达新加坡樟宜机场后，接机的是小雯老爸的朋友。他把小雯和张扬安排在了豪华的滨海湾金沙酒店，这家酒店应该属于奢华级别了，大堂真是震撼，融合现代、极简、艺术于一体。张扬抬头仰望 22 层高的梯形中庭，头顶飘浮着一堆线状的金属杆艺术品，整个酒店在五彩斑斓的灯光下充满了梦幻感。

第二天，俩人逛了环球影城，去了水上探险园，还坐了全亚洲最大的摩天轮。晚些时候，俩人来到金沙顶楼的酒吧，无边泳池让人叹为观止，游泳的同时，还可以俯瞰新加坡的城市景观。这座建造在金沙酒店 55 层高的塔楼顶层的泳池，是奥运会泳池长度的 3 倍，高度为 198 米，是这一高度下世界上最大的室外泳池，简直太酷了。

更晚一些，张扬带着小雯去新加坡的娱乐场所逛了逛，随后去了乌节路。乌节路是新加坡繁华的地段，乌节路地铁出口就能看到 Prada、Gucci、Dior 等奢侈品店。大街上有很多卖气球的俊男美女，还有新加坡十分流行的面包片夹雪糕小吃。俩人一阵购物后，有些饿了，便直奔克拉码头。克拉码头是一条很繁华的酒吧街，餐厅都比较贵，不过胡椒螃蟹的口味还不错。吃完饭后，俩人又沿着克拉码头观光游览。

张扬和小雯在新加坡游玩的日子很美好，也很短暂，住了三晚，玩了四天，小雯的家里好像有急事必须让她回去，俩人便返回国内。张扬一头雾水地来了，又一头雾水地离开，他不知道小雯来新加坡是什么目的，姑且就当作旅游散心吧。

12. 离婚风波

张扬回到昆明后算了算时间，跟婷婷上次一别，已经过去 40 多天了。当时还信誓旦旦要重新创业走出一条路来，但现在事业没有起色，负债和利息越堆越高了。自己最近还去大理、丽江甚至新加坡旅游，想想真觉得对不起婷婷。

张扬拨通了婷婷的电话，电话里并不是婷婷的声音，而是女儿的小奶音。

“爸爸，你不要我了吗？你怎么还不回家？”女儿的声音让张扬瞬间破防了。

“宝贝，爸爸今天就回来，你等爸爸哦。”张扬哄着女儿。

张扬决定回家看看婷婷和孩子。他是凌晨两点摸黑回的家，因为一旦债主知道他回来了，后果不堪设想。他在家附近仔细观察了好一会儿，确定没人之后才飞快地跑到家门口，拿钥匙开了门，闪身进屋。此时屋里只有廊灯亮着，其余地方都是乌黑一片。

“爸爸。”张扬听到了女儿的声音，她从沙发上爬起来，揉着惺忪睡眼，跑着钻到张扬的怀里，张扬一把抱住她。

“你怎么睡这里？”

婷婷听到动静，从卧室里走了出来，看到张扬，她有点吃惊。

女儿撒娇地说道：“我跟妈妈说你要回来，她还不信，现在信了吧？”说完还得意地瞥了一眼婷婷。

婷婷打开了客厅的灯。“快关了。”张扬让她赶紧关掉，于是整个客厅又陷入漆黑中。

张扬抱着女儿，把她哄睡了，婷婷也坐到了沙发上。

“上次对不起了，吓到你了。”张扬道歉。

“是我的不对，不应该跟你吵架。”婷婷的声音很温柔。

“你不要担心我，我不会再做傻事了。”张扬说这句的时候，亲吻了熟睡的女儿，然后把女儿抱起来，跟婷婷一起回了卧室。

第二天早上，女儿一大早就上学去了。张扬正在睡觉，手机震动了一声，婷婷便随手拿起来一看，是一条新闻推送，张扬此时睡得昏昏沉沉。婷婷干脆就翻起了张扬的手机。

“她是谁？”婷婷翻看了一会儿手机之后，冷冰冰地问道。

张扬吓得一激灵，睡意全无。

“谁？”

张扬凑过去一看，是相册里的一张照片，他和小雯在丽江的合影。

“一个朋友。”张扬怕婷婷误会，所以早就把手机相册里的照片清空了，没想到还有一条“漏网之鱼”，虽然他跟小雯并没有什么，但是婷婷可不听这些。

“我说这段时间一到晚上你就关机，张扬，家里现在都这个情况了，你还在外面鬼混。今天你不说清楚她是谁，我们就离婚。”婷婷歇斯底里。

张扬尴尬地解释道：“真的只是朋友。”

没想到，这时候电话突然响了，来电显示“小雯，昆明”，张扬的心一下子凉了半截。

“接啊，怎么不接！”婷婷声音越来越大，“不敢接是吧，那我来接！”婷婷接起了电话，凶狠地问道：“你是谁？”

电话那端没有发出声音，僵持了几秒，传来了“嘟嘟嘟”的忙音。张扬一瞬间心如死灰，心里哀嚎着：“小雯啊，我俩又没什么，你直接实话实说就行啊，挂什么电话啊，这下我是真说不清了。”

女人发疯是很可怕的，婷婷可以容忍一无所有，可以容忍各种困难，但绝对不能容忍背叛。

张扬抢过电话，“你要发什么疯？就是一个朋友。”

婷婷死活不相信，还要回拨过去问清楚，但张扬夺走了手机。

“你滚，永远都别回来。我和你没有什么好说的了，我名下的债我自己会处理，我们离婚，女儿归我。”婷婷无力地说道。

“好吧，那我走。”张扬起身离开，他也显得十分无力。在这种情况下，张扬只能走，留下的话只会爆发更大的争吵。他暂时答应，只是为了给双方冷静的时间。

在去昆明的车上，张扬反思了家庭矛盾的症结，那就是越堆越高的债务，与此相对应的是他毫无起色的事业。张扬的投机心理又开始作祟了，月底又有一笔 20 万元应收款到账，加上手上的几万元，他又想搏一搏，只要赢到钱，那么一切问题都将迎刃而解。

他盘算着再去一次澳门，此时的他，并不把现状归咎于自己的无能。

接下来的几天，张扬和婷婷陷入了冷战阶段，婷婷也没有联系张扬，可越是这样，张扬越生气，自己为了这个家像狗一样在外面讨生活，作为妻子，她凭什么这么对自己。此时，小雯的身影出现在了张扬的脑海里，作为知心朋友，小雯成了张扬唯一的安慰。他想让小雯陪自己去澳门一趟，但是他不好直接说出去澳门的目的，只说自己要去香港游玩。

13. 香港兰桂坊

“我准备去香港玩两天，你去吗？”张扬发微信问道。

“什么时候？”小雯回复。

“明晚的航班。”张扬已经订好了昆明飞深圳的机票。

“那你先去，我后天直接飞香港跟你会合。”

张扬的飞机因为晚点，大约凌晨一点才到达宝安机场，他提前用手机订好了房间，入住在机场附近的一家维也纳酒店。酒店服务不错，还有人接机。张扬美美地睡了一觉，第二天中午起床后，他乘坐地铁到达深圳的罗湖口岸。

八月末的深圳，天气炎热，张扬到达罗湖口岸的时候已经接近三点了，去香港的人真不少，人头攒动，人声鼎沸。持通行证或者旅游签证进香港很方便，张扬花 20 元便顺利通过口岸，坐上了从罗湖口岸开往尖东的地铁。这是张扬第一次来香港，心中有些激动。和很多 80 后一样，他印象里的香港是古惑仔电影里的铜锣湾，是旺角的黑夜，当然，还有维多利亚港湾停靠的邮轮和豪华夜景。

“你到了吗？”小雯打来电话。

“到了，在地铁上呢。”张扬回答。

“来机场接我。”

“这么快！好，我看看怎么过去。”张扬觉得小雯的通行证应该是自由行，否则不会这么快就到。

张扬从尖沙咀打车到香港国际机场，250 元港币，不太好听的数字。下午六点，张扬到达机场，跟小雯会合。

小雯穿着一身红色裙子，戴着墨镜，倚着行李箱站着，十分优雅。张扬远远地挥手，然后帮小雯拖箱子。

“打电话那件事实在是对不起啊，就是问问你近况。”小雯说道。

“你问就问嘛，不要直接挂电话啊，搞得像有什么见不得人的事情似的。”

“改天有机会我跟嫂子解释吧。”

“千万别，先这么着吧，我怕你越描越黑。”

张扬因为来得比较急，所以房间还没有帮小雯订好。香港是寸土寸金，这个时间点在香港很难订到酒店，到处都人满为患。还好出租车司机是老香港人，把他们带到了一家老牌酒店——新乐酒店。一晚上 1200 元港币，Wi-Fi 需要另加 100 元。

酒店的价格虽然偏贵，但是位置很好，位于佐敦地铁站出口。此地铁站是连接香港岛、九龙半岛和新界的重要枢纽，从这里步行去尖沙咀闹市区，只需 8 分钟。尖沙咀交通便利，是九龙的潮流美食集中地，区内四、五星级酒店林立，高级餐厅云集，部分餐厅和酒店更是坐拥醉人海景，让顾客可以在入住或者就餐时远眺对岸香港岛的城市景观，物价自然也不便宜。

张扬在附近的 7-Eleven 买了包烟，75 元，比内地贵，跟澳门比还是便宜些。俩人在尖沙咀逛了一圈后，随后去了维多利亚港湾，吹着海边的凉风，甚是惬意。

香港夜景的最佳观赏地点就在尖沙咀，这里可以眺望整个港岛区，各栋商业楼宇的夜间霓虹灯堪称一绝。香港的夜晚，既有灯火璀璨、繁华喧闹的大都市风情，也有白云、山岗和温暖的海风。

中西方文化在这里交融，给这里带来独特的魅力。张扬和小雯坐上观景船，豪华夜景尽收眼底。

“你想去兰桂坊玩吗？”张扬问小雯，他没去过兰桂坊，只是听说那边有独特的酒吧文化。

“好，我没去过，听说过。”小雯欣然答应了。

俩人从游船上下来后，从码头直奔兰桂坊，距离还是挺远的。在香港坐出租车是要自己支付路桥费的，从码头打车到兰桂坊一共需要 110 元港币。出租车停在了中环地铁站 D2 出口，车水马龙的大道上，赫然写着“皇后大道东”，张扬的脑海里突然响起经典的旋律和罗大佑的嗓音：“皇后大道东转皇后大道中……”他朝右手边望了一眼，果然是“皇后大道”。张扬抬头向上望，人最多的地方便是兰桂坊。

兰桂坊是一条短小、狭窄、呈 L 形的用鹅卵石铺成的街巷。

张扬和小雯边走边看，最后选择了一个街口的酒吧，不仅是因为里面有看上去以及听起来都不错的音乐秀，而且酒吧的视野感觉很开阔，坐在里面，可以看清楚坊间熙攘的人群。香港有无数的明星，张扬坐在窗边，希望能偶遇明星。

这条小巷有很多酒吧，具体数量不明。很多酒吧都在街边围了些座位，坐满了人，其中约有一半是老外，穿着打扮充满了各种时尚元素。还有很多人站在小巷中间，端着酒杯，欢快畅谈。张扬和小雯挑选了口味熟悉的嘉士伯，坐在街边的座位上，欣赏起兰桂坊幽夜的魅力。这里的欧式建筑风格，让整个兰桂坊洋溢着特有的异国情调，不愧是香港休闲文化的代表之一。

酒吧里的音乐秀确实不错，气氛很热烈。张扬目光所及有很多性感美女，他的耳朵里灌满了摇滚乐，不知不觉中，他感觉内心有些躁动。

“小雯，我带你去澳门吧！”张扬看着小雯，认真地说道。

“去干什么？”

“玩一玩。”

俩人到港澳码头乘快艇，一小时左右便到达澳门客运码头，然后坐上了一辆开往美高梅的专车。这是张扬第三次来澳门，澳门通行证是每两月一签，每次只能停留七天。张扬距离上次来澳门，正好间隔两个月。

“小雯，你卡上有多少钱？”

“怎么啦？带的卡里有 20 多万元吧。”

“好，我如果需要的话，你到时借 20 万元给我。”

“好。”小雯并没有问张扬用钱干什么，“钱可以拿给你，但是过几天我有很急的事需要用钱，你要保证还给我。”

“我给你打欠条。”张扬认真地说。

“一边去，我要你的借条干什么？”

很快，二人便到达美高梅酒店，办理入住后，张扬带小雯去了美高梅娱乐场玩耍。不过小雯的手机每隔几分钟就要响一次，但是她只是看一下，却不接听，也不回复消息。张扬知道，小雯一定有事，这一下，张扬自己倒没有心思玩了，俩人便又回到了酒店。

回到酒店之后，张扬先到小雯房间里聊会儿天。小雯在卫生间里接听了很长时间的电话，从卫生间出来后，张扬觉得她神色不对，整个人很不自然。

“发生什么事情了吗？”张扬问道。

“我前夫到处在找我，想让我和他复婚。”

张扬很难表达自己此刻的情感，一方面，他觉得自己很难再像从前一样和小雯保持好朋友的亲密关系了，但另一方面，他又衷心希望小雯能够幸福。

“这是好事啊，你还爱他吗？”张扬问道。

“我也不知道。”小雯的犹豫让张扬相信，那个男人在小雯心中是有分量的，“他去找我家人，让我原谅他，现在我家人都站在他那一边，他明天上午会来接我，我似乎没有选择。”小雯的眼眶里含着泪水。

“没关系的，复合吧，这是你的归宿。”张扬起身，给了小雯一个鼓励的拥抱。

第二天一早，小雯果然敲门跟张扬告别了，她给张扬递过来一张卡。

“我要走了，卡里有 20 万元，你需要钱的话，直接取，密码我发到你手机上，今天是 9 月 1 日，但是你务必在 7 日之前，把钱存回卡里，我有急用。”

“谢谢你。”

“但是我警告你，千万不要拿这个钱去……”小雯的话没有说完，张扬知道她的意思。

就这样，张扬目送着小雯走了，他站在酒店的窗户边，看着小雯的身影从大厅走出去，门口停着一辆迈巴赫，驾驶座上下来一个青年男子，他把小雯的行李箱放到后备箱，然后打开车门，让小雯坐进了副驾，随后自己也坐进车里，把车开走了。张扬感到有些伤感，他收拾了一下，也下了楼，一个人漫无目的地沿着海边往东走，那里有个观音莲花苑，张扬走进去，祈祷小雯能够过上幸福的生活。从莲花苑出来后，张扬的心情好了一些，便去海边闲逛。先是来到了澳门科学馆，但没有进去，他对科学一窍不通，不过科学馆门口的心形树倒是让他观赏了好一会儿。张扬继续散步到渔人码头，映入眼帘的是整个建筑群，隔海相望便是港澳直升机场。

此刻的张扬感到有些孤独，也许只能去娱乐场排遣自己的心情了，不过他没有回到美高梅，而是去了威尼斯人。结果不言而喻，张扬不仅输掉了自己所有的钱，还用掉了小雯卡里的 20 万元。张扬慌了，他已经红了眼，已经迷了心智。他觉得自己的运气不好，决定去金沙城试试。他现在不求一夜暴富，只求把小雯的钱能够赢回来还给她。为此，他不得不重新联系之前的七哥，借了 20 万元。结果，一个晚上，全部没了。

14. 背锅的岳父

张扬整晚都失眠了，他躺在酒店的床上，陷入沉思："为什么我偏要来这里？小雯明明阻止过我了。我真是个混蛋！"

想什么来什么，张扬刚想到小雯，小雯的微信就发来了："我手机银行提醒 20 万元全部提取出去了，没事吧？"

张扬虽然感到很无力，但还是回复了小雯：“放心吧，没事的。”

“记住，7 日之前把钱存回去。”

“好。”

张扬知道自己接下来面对什么，不光是对小雯食言，还有七哥新一轮的催债。

第二天一大早，七哥就敲门进来了，“钱什么时候还？”

“放心吧，七哥，通行证押你那儿了，我跑不了的。”

“兄弟，戒了吧，我都看不下去了。你还年轻，有的是机会。现在，先想办法还钱吧。”

只有张扬自己知道，已经没有人可以帮他了。

涉及真金白银，七哥可没那么好说话，毕竟之前欠过一回了，自然对张扬不太信任。七哥跟张扬有交情，也不好逼他太紧，便派公司的安徽过来盯着张扬。安徽跟张扬可不熟，脾气也不好，他强制让张扬开机，要他联系家人和朋友还钱。在此之前，张扬害怕小雯找他还钱，已经把电话关机了很久。

安徽跟张扬在酒店耗了几天，张扬一分钱也没有借到，实在耗不下去了。这里的住宿和餐饮每天花销都很大，张扬现在已经身无分文，在这里多待一天，消费的钱都是七哥承担。七哥决定先让张扬出关到珠海，那边的消费水平低，在那里再慢慢催债。

就这样，到了 9 月 5 日，张扬终于从横琴口岸出来，到达了珠海的一个出租房。

接下来，张扬只能做一件事，那就是打电话借钱。安徽二十四小时盯着张扬，跑是肯定跑不掉的。

手机未读微信消息最多的是小雯发来的。

“怎么了？电话打不通？”

“赶快回电话给我。”

“你是不是把钱都给输了？”

“赶紧回电话，不然我报警了！”

……

张扬不敢回复小雯，他没有脸，他对不起她。

婷婷竟然也发了几条消息。

“这几天怎么关机了？”

“你去哪里了？速回电话！”

“你知不知道，我们很担心你！”

“你赶紧回来，我想你了，上次不该跟你吵，我错了！”

……

自从上次跟婷婷闹离婚，这还是婷婷第一次主动联系他，但没想到是在这样的境况之下。张扬也不敢联系婷婷，他感觉自己三番五次做这种事，已经是个彻头彻尾的烂人了。

剩下的信息和电话都是催款和要账的，张扬更不敢回复了。

安徽看着磨蹭的张扬，大喊道："等什么呢？快打啊！欠钱的倒成爷了！"

张扬还是没有动，因为他实在不知道该打给谁。

"好，你不打，我来打，我顺着你的通讯录一个个往下打。"安徽走近，一把拿过张扬的手机，开始翻起通讯录。"我告诉你，我打电话给他们，可没那么好声好气。"

"我自己打吧。"张扬终于屈服了，他颤巍巍地接过手机，给自己的家人拨去了电话。

最绝望的时候，还是家人帮助了自己。老父亲伤心欲绝，说家里还有几万元定期存款。婷婷接到电话之后情绪激动，大哭大骂，但是也不得不想办法。最后，婷婷答应安徽，第二天凑 20 万元送到珠海去，接张扬回家。得到了婷婷的承诺之后，安徽的态度明显好了一些，还带着张扬一起出去吃了顿饭，也不逼张扬打电话了。

夜深人静的时候，张扬编辑了很长的微信发给了小雯，这是他很长时间失联以来第一次主动联系小雯，他痛骂自己背信弃义，辜负了小雯的信任，并且承诺尽快把钱还给她。张扬知道小雯有很重要的事情需要用钱，这次自己食言，应该会让小雯十分怨恨他，但是小雯只是淡淡地回复了一句“人没事就好”。张扬的心理防线彻底崩溃了，他觉得自己是一个彻头彻尾的混蛋。

第二天下午，婷婷果然如约到珠海来了。安徽带着张扬到机场去接婷婷，张扬这才发现，婷婷不是自己来的，而是带着岳父。岳父见到张扬，一句话也没有说，倒是婷婷边哭边说：“我爸把房产证抵押才贷了这 20 万元。张扬，你别再害我们了！求你放过我们吧，我给你跪下了。”婷婷哭着，突然一下子跪在地上，老岳父拉也没拉住。张扬一下子泪崩了，也跪在地上和婷婷抱在一起，号啕大哭，“我错了，我一定好好挣钱，早日上岸，让你过上好日子。”

安徽不好打断。等到张扬和婷婷稍微平复一些之后，张扬扶起婷婷，婷婷掏出手机，把 20 万元转给了安徽。安徽收钱后便放张扬回去了，临走时告诫张扬：“奉劝你一句，有这么好的老婆，就好好过日子吧，别一天天想着不劳而获，一夜暴富。”

15. 酒吧创业计划

经过这次事件之后，张扬彻底地洗心革面了。其实严格意义上说，他并不是安徽所说的那种想着不劳而获的人，他是被逼得没办法了，只能铤而走险。对于张扬来说，他并不是只想赚钱，并不是想暴富，而是债务像一座大山压在他的身上，他只想把钱还掉，把这座大山移开，他想重新获得亲人、朋友和商业伙伴的信任。

在回到文山五天后，张扬的心态和元气终于恢复了，他想拿出当年的热情和斗志再次创业。张扬重新去了自己的公司，办公室里落满了灰尘，他简要打扫了一下。办公区是来不及收拾了，他草草地把会议室收拾了一下，拿纸巾把椅子和桌子上的灰抹了一下，然后调试了一下投影仪和 PPT。今天，他要在这里约见自己和婷婷的 13 个朋友。在经过多日的思考后，张扬形成了新的商业计划，他希望能够通过今天的演讲得到资金支持，也宣告从前的张扬满血复活，新的生活在今天重启。

13 个朋友陆陆续续到齐了，大家在会议室里落座。张扬开始一边播放提前做好的 PPT，一边开始演说。

“我直入主题，我准备做一个项目，而且这个项目可以盈利。”张扬看着大家不信任的眼神，继续说道，“我不想跟大家解释为什么我现在会变成这样，你们有些人应该也听说我公司不行了，为此我还颓废了一段时间。从今天开始，我变回曾经那个敢闯敢拼的创业者张扬了。”虽然没有掌声，但是张扬明显感觉大伙儿的眼神都稍微有些缓和，没有那么尖锐了。不过，他并没有把澳门的事情告诉大家。

“任何一件事情的成功都和三方面有关，通俗地讲就是天时、地利、人和。现在呢，经济总体萧条，传统产业一直下滑甚至遇到致命危机，在这样一个大环境下，怎么办？有些人可能觉得要拥抱互联网，去做新兴产业，但是我们的文化程度非常有限啊，你们知道怎么去拥抱‘互联网+’吗？知道什么是O2O模式吗？”几个朋友摇了摇头。

“我今天要说的是，如果你对新兴行业一窍不通，那最好就不要贸然尝试。既然我们的优势是传统产业，那么，我们就继续做传统行业，只不过要进行创新，把互联网思维糅合进去，为传统行业服务，就能走出一条新的道路出来。”张扬的演讲起到了效果，大家鼓起掌来。

有人问道：“张总，你说的是很对，有什么具体的项目和计划吗？”

张扬点点头，继续说道：“我们文山啊，是滇东南一个不起眼的小城，大家对这块土地再熟悉不过，也都热爱这方家园。这里民风淳朴，又具备发展潜力，我相信，这几点大家比我这个文山女婿更清楚。在云南省，文山的白酒产量和销量在近十年里除了昆明之外，一直是稳居第一位的，啤酒销量也一样。所以有人开玩笑，说我们文山人有个外号叫‘云喝’。事实上，我们的车牌号码也是云H开头，这正好跟‘云喝’谐音了。还有人开玩笑说，文山一年喝掉的酒比整个西湖的水还要多。正因为这样，文山是云南省地级城市中酒吧最多的城市。据统计，文山有四个酒吧集中片区（酒吧街），城内连锁的两家酒吧分别在本城区有5家分店和6家分店，这是一个外地人难以理解的数字：一个酒吧能在一个小城开6家分店？是的，这就是我们文山的酒文化。我要跟大家说的是，接下来我要做的就是酒吧。”

有人打断了张扬的话：“竞争太激烈了吧，市场体量又小，风险太大了。”

张扬点点头，继续说道：“是的，在竞争如此激烈的地方，我们的酒吧如何立足？这是一个非常好的问题。不过，我们也有我们独特的优势：第一，本人从2008年就进入夜场，熟知并知晓酒吧操作的各个环节，文山这几个酒吧的资历都还没有我老，所以，我的经验更充足；第二，我身边的同学、朋友从事这个行业的人相对比较多，不管是装修、酒水、表演，我都能以非常低的成本实现运作。”上面这两点说完后，张扬察觉出大家的神色都还比较满意。

“光有以上两点还不行，既然是创新，那接下来，我来说说酒吧的定位和运作。80 后是当今社会的主要酒吧消费人群，有经济能力，习惯酒吧消费，所以我要做的是服务 80 后的酒吧。怎样来服务呢？首先是风格，主打怀旧风格，我们的装修将会勾起我们 80 后的时代记忆。整个酒吧用记忆覆盖，如黑白电视机、留声机、缝纫机、磁带胶卷、二八单车、永久摩托等元素，这是定位。我还要在音响和灯光上用大手笔，做成精彩的音乐秀，利用最主流的音乐演唱方式，邀请七名顶尖级别歌手完成怀旧夜演出，所有音乐都由现场打造，大家请看效果图。”张扬在 PPT 中给大家展示效果图和构思。

“具体细节还有很多，比如舞台，比如运营，这些问题我会在以后的时间慢慢跟大家沟通。今天我在这里只跟大家讨论最核心的问题：项目需要多少资本？多长时间可以回本？”张扬说出这些话的时候，明显感觉大家的精神为之一振，终于到核心问题了。

“总投资 300 万元，我决定众筹入股，每一股 3 万元。你们可以自己评估下这个项目的好坏，然后根据自己的实际情况投资。”

……

功夫不负有心人，一个下午的演说，张扬得到了九位朋友的支持，总共众筹到 40 万元的意向投资，他再一次拾起信心，有了重新开始的勇气。

晚上，小雯给张扬发来信息：“我需要一些钱，能凑一些给我吗？”

小雯的信息非常礼貌，张扬感觉她的婚姻应该是进入正轨了，跟自己说话已经有了距离感，不过张扬现在实在拿不出钱，“要多少？我现在身上没钱了。”

“20 万元。”正好是张扬用掉的数目。

“你给我一些时间吧。”

“要多久呢，我不急是不会催你的。那你现在准备做什么呢？”小雯问。

“准备弄个酒吧，缓解下眼前的资金压力，也让自己有个稳定的收益。”张扬把酒吧方案告诉了小雯。

“还差多少钱呢？”小雯问。

“差得多！”

“我问问身边的朋友，看有没有感兴趣的。”

“好的，谢谢了，钱我会尽快还你。”张扬感觉自己现在跟小雯有点在商言商的意味，两个人之间变得有些陌生；不过小雯并没有逼着他还钱，这一点他还是很感激的。

一天后，小雯跟张扬回复信息：“问了几个朋友，其实酒吧风格定位都挺好的，只是地点的选择要变一下，开在昆明或者丽江，那投资问题就不大。”

张扬看到小雯的回复，又一次点燃了希望，他准备去丽江看看，是考察，也是学习。他必须有准确的预算和十足的把握，才能用最快的时间筹集资金。

经过几天的考察，张扬否定了小雯的提议，有几方面原因。

首先，丽江酒吧需要有文化，需要有名人效应，因为竞争实在太激烈了，张扬暂时还不具备这方面的条件。

至于昆明呢，投资太大，仅房租和选址就是很大的问题，再加上张扬对昆明方言和地域环境不是很熟悉，所以凭他目前的能力，还不能驾驭昆明这个省会市场。而且，如果他要去外地做酒吧，也就意味着要同时放弃本地的市场和资源，甚至放弃资金支持。

不过张扬还是很感谢小雯的建议的，他把小雯坑了，小雯还能这么帮助自己。

张扬决定抛开一切杂念，开始自己的众筹之路。他先是找到了自己的朋友卢总，卢总这几年在本地混得风生水起，开着玛莎拉蒂。不过张扬找到他的时候，卢总遭遇了生意上的严重下滑，但是出于商人的战略眼光，他还是愿意出资 20 股。卢总只知道张扬公司因为大环境不好而倒闭这件事，并不知道张扬在澳门的事迹。

第二个投资人是婷婷的堂哥敏哥。他从婷婷那里看到了酒吧的方案，动心了。他是做装饰的，他同意用酒吧装饰总费用的百分之二十五入股，还可以在装修过程中帮张扬进行一部分垫资。

第三个投资人是北京的老赵，他跟张扬是网络好友，甚至连面都没有见过。不过两个人算是神交的好朋友，非常聊得来。老赵愿意给张扬投资30万元，不过张扬没有答应，虽然老赵信任自己，但是张扬觉得合作必须建立在互相了解的基础上，所以暂时没有接受老赵的投资。

……

总之，事情与张扬事先想的不太一样。原本以为融资会很困难，因为自己毕竟是一个倒闭企业的企业主，但是没想到，他这一次竟然融到了200万元。

张扬非常兴奋，他感觉人生的转机就在当下了，这是老天爷给自己的翻身机会，一定要紧紧抓住。

16. 在深渊里彷徨

在有了资金之后，接下来就是酒吧的具体选址和资金统筹工作。

酒吧的选址是很重要的事情，一个成功的酒吧运作离不开它所处的地理位置。张扬对选址的要求比较苛刻，明确了几点要求。

首先，要有停车场或者停车方便。

其次，要具备夜店的运营氛围。

最后还有一点很重要，就是一句话能表述清楚酒吧在哪里。

房子的特点也要符合夜店的要求，面积要在 200 平方米以上，层高得超过 5 米，这样灯光和舞美才能打造出理想的效果。

张扬费了几天心思，找到了几处合适的地点，经过反复对比和推敲，他把首选的位置定在了商业中心的闹市区，在著名连锁酒吧 Soho 旁边。与房东谈定初步意向并且支付定金后，张扬便开始着手让装修公司执行他的整体设计和布局。他每天从早到晚全部在店里忙活，经常顾不上吃饭，每天虽然辛苦，但乐在其中。

不过，张扬没有想到，变数很快就来了。

不知道是谁散布了张扬在澳门的“光辉事迹”，这件事宛如晴天霹雳，让张扬失去了信任根基，第一批人不放心把钱放在张扬这里，纷纷要求撤资退出，张扬预感酒吧计划可能要黄了，但是房租以及装修已经花出去 40 多万元了，这个损失，张扬自己无力承担。

“现在前期的房租和装修已经用掉了 40 多万元，这个钱我怎么还你们？”张扬非常无奈。但是投资人可不听张扬的解释，他们硬要撤资。

张扬也不是善茬，你们说投资就投资，说撤资就撤资，没有一点契约精神。现在项目已经启动，资金已经投入，哪能说撤就撤。张扬觉得这是自己唯一一次上岸的机会，他不可能就这样放弃。既然股东们这么逼自己，既然这个钱必须退给他们，那不如拿这些钱狠狠地逼自己一把。

于是，在 2015 年 11 月下旬，张扬带着剩下的 160 多万元又去了澳门。书中开头的那一幕出现了，在澳门金沙城，张扬输掉了所有钱，在短短六个月的时间里，他把自己的债务总和堆到了 500 多万元，而且，利息还在不断往上翻。坐在金沙城贵宾厅里的张扬，此刻已经麻木，看着面前空荡荡的桌子，他的脑子已经炸了。他几乎感觉不到知觉，只能呆若木鸡地扶着桌子站起来。他颤颤巍巍地跨出脚刚走了两步，整个人便轰隆一声，栽在地上……

张扬醒来的时候已经是第二天中午。他躺在酒店的床上，金沙城的工作人员并没有喊救护车把他送到医院，而是直接送回了酒店，对于他们来说，这种晕厥的“浪子”已经司空见惯……

张扬头疼欲裂，好不容易爬起来，走进浴室，整个人躺进浴缸，任由凉水冲刷着自己。失魂落魄的他透过巨大的落地窗看着屋外澄明的天空，阳光并没有驱散他心里的阴霾，他反而更难受了。

从高楼往下眺望的时候，他又有了一跃而下的冲动。

妻子和孩子在他的脑海中浮现出来。

他号啕大哭起来。

张扬在酒店躺了一天，整个人跟行尸走肉一般。到了晚上的时候，他终于想清楚了，绝对不能就这么坐以待毙。他不能把真相告诉婷婷，也不能告诉投资人。于是，他和婷婷说，自己要去浙江见一位新的投资人。实际上，张扬连路费都没有了，他找到一个老同学，借了 3000 元生活费，然后坐飞机去了浙江温州。

温州，是中国数学家的摇篮、中国南戏的故乡、中国海鲜鸡蛋之乡，温州人则被国人称为东方犹太人。张扬的父亲是见证温州发展壮大的第一批人，因为 1991 年他便在温州务工，那时候，温州最高的房子还是 11 层的温州大厦。

温州聚集了很多来自江西的底层务工人员，在鹿城区，张扬村子的人便占据了百分之六十的劳动力，所以张扬对这里并不陌生，他 2001 年就来过一次。

这次为什么要去温州，因为张扬的父母在那儿。

他需要钱。

17. 穷苦的父母

11 月的温州，还是有些炎热的，而张扬的心却冰冷到极致。原本这一个月可能是自己命运的转折点，他用尽自己全部的资源和想象力策划怀旧音乐主题酒吧项目，可行性和创意毋庸置疑，大家都一致认可，但最终却胎死腹中，这让他真正感到绝望。

“张扬吗？我是小雯。”

“怎么了？”张扬坐在出租车上，接到了小雯打来的电话。

“你在哪里？我有事找你！”

“我在温州呢。”

“什么时候回来？”

“什么事啊，好事还是坏事，能先在电话里说吗？”

“见面说吧，回来了告诉我，我在昆明等你。”

张扬现在都不太敢跟人面谈了，他害怕是“鸿门宴”；不过小雯是个特例，他是信任小雯的，而且听小雯的语气，张扬的第六感告诉自己，应该是好事。

相较于应对酒吧投资人，张扬眼前还有两件棘手的事情要处理。

第一件事是招商银行信用卡逾期四个月了。外包公司无下限的催收手段和全方位的施压让张扬几近崩溃，不光是张扬，连婷婷、父母以及张扬的朋友，每天都被短信和电话轰炸。催收电话中有人给张扬扣帽子，说他是信用卡诈骗和恶意透支，以此来吓唬他。张扬研究过这两个名词。信用卡诈骗是指以非法占有为目的，违反信用卡管理法规，利用信用卡进行诈骗活动，骗取财物数额较大的行为。恶意透支，则是指持卡人以非法占有为目的，超过规定限额或规定期限，并且经发卡银行催收无效的透支行为。恶意透支是信用卡业务中的主要风险形式，属于信用卡诈骗的一部分。

那么，怎样才算是恶意透支呢？首先是态度恶劣，拒接电话，这就要求每个催收电话和银行电话都得接，态度要好，但轻易别做还款时间的承诺，因为无效承诺会被认定为失信；其次，要有还款意愿，就是或多或少每个月都要往里面存一些，千万不要三个月没有一分还款。张扬很清楚，催收给自己扣帽子，不过就是想吓自己，他们属于银行的外包合作范畴，是要按照回款比例拿提成的，所以他们肯定有各种催收话术。张扬以前是有过良好的征信和还款记录的，所以催收这种话术对于他来说基本没用。

催收虽然烦恼，但是真正让张扬头大的是债务。信用卡一定要想办法先还上，每个月的利息和滞纳金堪比高利贷，这也是他债务越堆越高的原因，虽然他很清楚这一点，不过他实在是没有钱还。

第二件事是自己之前汽车一车两押，得赶紧处理，否则就要“爆雷”了。

张扬就是带着这样沉重的心情，走进了父母的出租屋。

出租房破旧、简陋、阴暗，城中村到处都是这样的房子。这是底层民工的房子，父母就在这种环境下，过了一个又一个春秋，供张扬上学读书。幸好母亲在这里照顾父亲，里里外外收拾得倒算干净，母亲特意多烧了几道张扬爱吃的菜。

张扬虽然一句话没有说，但是父母已经察觉出张扬的来意，自己的不孝儿子不到山穷水尽，也不会亲自到这里找他们，尽管他们已经帮助张扬无数次了。

“加上你上次转我的 2 万元，家里最后只有 8 万元了，你自己去取吧，再多了我们也没有能力，爸妈干不动了，你好自为之吧！”母亲递过存折，眼里含着泪花，父亲则在一旁抽着烟，喝下一口酒，许久没有说话。张扬曾经是让他们引以为傲的儿子，现在却像吸血鬼一样榨干他们的一切，但他们没有反对，而是倾其所有。张扬看到了父母眼中的绝望，他随便扒拉了两口饭，就赶紧告别走出了出租屋。他忍受不了这种煎熬。

张扬原本想直接回昆明找小雯，但是既然来浙江了，便想着去杭州走走。

温州去往杭州的动车上，人不是很多，车厢空空荡荡，迷茫的张扬看着窗外，不知道自己的未来在何方。

到杭州后，他乘地铁到西湖附近的站点下车。杭州突然下起了蒙蒙细雨，降温特别厉害。一阵风吹过，寒气仿佛侵入骨头，枯黄的叶子更是在秋季的寒风中瑟瑟发抖，随后被刮落在地。一种亚灰色的基调在这座美丽的城市蔓延开来，这是一种凄凉的美。西湖依然美不胜收，山上的花草不惧寒冷，为这座城市增添了些许孤傲。

张扬没有带外套，冷得直发抖，除了一瓶矿泉水，他冻得吃不下任何东西。此时不能再在外面挨冻了，他赶紧开了个房间，打开空调取暖，大脑里空荡荡的，已经没了任何想法。

电视里传来一首熟悉的旋律：“说着不会掉下的泪水，现在沸腾着我的双眼……把窗户打开吧，对心情会好一点……”这是老狼的《虎口脱险》。张扬打开了酒店的窗户：自己能够脱险吗？他远眺着城市，肚子有些饿了，想吃点热乎的东西取暖。他走下楼，进了一家兰州小吃馆，点了一碗盖浇饭。老板送了一碗拉面的汤，张扬拌着一些零散的葱花，喝了下去。热汤喝下去后，张扬感到了一丝暖意。吃完饭回到房间，他一口喝下了半瓶矿泉水，随后用被子蒙住自己的头。睡觉吧，但是此刻才八点钟，他压根睡不着，看电视转移注意力，也没效果。九点钟，他打开微信，却找不到一个人聊天。酒店里灯光微弱，张扬看着酒店的门，心里甚至有些害怕。他起身把灯光调到最亮，但还是有些若有若无的影子在他周围晃动。张扬不能闭上眼睛，一闭眼就会出现那些影子，而每次出现的造型都不一样，有些是没有眼睛的，有些是没有脑袋的，向他靠近……

张扬的心理状态已经完全不受自己控制，他拼命地打开微信，同时和 14 个人聊天。就这样，时间慢慢流逝，凌晨一点，他试着闭上眼睛，不行，影子还在，不过缓和很多了；两点，影子依然在；四点，他终于在疲倦中睡着了。

整晚，张扬一直处于半睡半醒的状态，中途做了几十个不同类型的梦，全是噩梦。

第二天中午起床后，张扬打车直奔机场。下午五点半，飞机降落在昆明长水机场。

下飞机后的张扬明显感觉到，春城也变得冷了起来，这里是张扬再熟悉不过的地方，他的心情终于平复下来。

张扬曾经工作的夜场的那位师傅，开车接张扬去他所在的娱乐场所，张扬前一晚跟很多人聊天，师傅就是14个人中的一个，他邀请张扬到他的夜场玩。接到张扬后，师傅第一句话就是："放下光环，今晚你是主角！"他说完，拍了拍张扬的胳膊。

夜晚，张扬试着让自己回到五年前，他拿起麦克风，沉浸在没有痛苦和压力的日子。

这一晚，夜场有很多顾客，全部满座。张扬已经几年没有上过舞台，他换上了师傅的一套蓝色西装，用发胶打理下发型，找回了些许自信。

温暖的音乐响起后，张扬开始了自己独有的舞台主持风格。在张扬的带动下，夜场整晚的氛围都非常棒，大家的参与度非常高。在快要结束的时候，他玩起了煽情。钢琴曲《Tears》响起时，舞台上的灯光调成了蓝色，追光灯聚焦着舞台上的张扬。

他开始进行即兴演说："人的一生是漫长的一生，也是短暂的一生；人的一生漫长到有无数个昼夜在交替，人的一生短暂到只在一呼一吸之间。在短暂的一生中，我们最重要的事是两件，一是选对了职业，二是爱对了爱人……”演说的效果很好，情真意切，发自肺腑，令听众感同身受。张扬打动了在场的客人，啤酒一瓶接一瓶地往舞台上送，掌声此起彼伏，尖叫声连绵不断。张扬除了收获了自信之外，竟然还收到了 1700 元小费。

18. 愤怒的姨父

“我回来了，你在哪？”张扬拨通了小雯的电话。

“三点，我们在南亚风情园见吧。”小雯说道。

张扬昨日因为喝了不少啤酒，所以到中午还有些头痛，气色看起来比较差，加上近期比较颓废，人也看着邋遢了。他特地刮了胡子，用洗面奶仔细地擦脸，准备用最好的状态去见小雯。

小雯近期改走休闲路线了，要不是张扬认识她的车，还真不一定能认出小雯。她穿着宽松的大 T 恤、牛仔裤、平底鞋，当然，依旧戴着墨镜。

俩人去了一家楼上的西餐厅，面对面坐着，既熟悉，又陌生，这种感觉难以描述。

“你还好吧？”张扬问道。

“还行吧！你呢？最近看你挺潇洒嘛，到处玩。”

“没有，瞎折腾。这次来主要是什么事？”

“你上次的计划还做不做？”小雯给了张扬一个淡淡的微笑。

“什么计划？酒吧吗？”

“对。”

“酒吧暂时放弃了，很多说不上的原因，”张扬并不敢把股东撤资以及资金全部被他败光的事情告诉小雯，想到这里，他的大脑就一阵生疼。在短暂的思索片刻过后，他又补充道：“但这个计划还是可以执行的。”

“你知道的，我现在资金也不宽裕，但我可以帮你介绍一笔30万元的资金，30万元对她来说不多。你要用项目说服她，我相信你可以。”小雯认真地说。

“她是谁啊？”

“我的闺蜜。”

“那谢谢你！”张扬很感动，他清楚小雯的行事风格，不是百分百的事情，她不会轻易说出来，加上投资人又是自己的闺蜜，这件事算是百分百成了。

“不用谢，我还等你赶紧赚钱还我呢。”

“上次那 20 万元，真是对不起了！”张扬的脸尴尬得红了。

提起钱的事情，张扬的头又开始大了。

俩人简单吃过饭，小雯便把闺蜜的微信推给了张扬，二人便告别了。

“你来北京吧，我下周在北京。”袁姐通过张扬的好友申请后，向他发出邀请。

北京，张扬还没有去过，他很向往。他决定去北京一趟，不仅是为了谈下这个投资，也是为了先躲着当地的投资人，他们目前还不知道钱的去向。张扬近期可以稍微缓和一下状况，温州之行，从父母那里拿了 8 万元，小雯这里他又可以融资 30 万元，他看到了一丝的希望。

他先把家里的 8 万元取出来，存了一点到信用卡里，因为催收已经搞得他非常疲惫。另外一个就是押车的问题，其中一家贷款公司已经把贷款方式换成了等额本息，光它这一家，张扬每个月就得还 2 万多元，但是张扬已经很久没有支付利息了。另外一家押车公司也在催张扬缴纳利息。

“你要是真还不上，不好意思，车我们就开走了。”一家公司此时给张扬发来了警告，但是张扬知道，如果他来提车，就会发现他一车两押的实情，后果将十分严重。他只能先把一家的钱全部还掉，再稳住另外一家，这样才不会露馅。

但是，哪里有钱呢?

婷婷有个姨妈，在曲靖的生意做得很大，家境殷实，但是有些傲慢，所以婷婷家逢年过节并不与姨妈家常走动。张扬也正是因为这种原因，所以就算遇到绝境，也不会跟姨妈家开口借钱。不过这次很巧的是，张扬偶然间刷到了姨妈的朋友圈。他们是在前几年的一次春节聚会上加的好友，那时候张扬可谓春风得意，意气风发，还得到了姨妈的赞赏。

“给儿子买个二手车练手，有合适的，帮忙推荐。”

张扬看到了姨妈的这条动态，想了想，干脆就把宝马卖给姨妈。于是，他背着婷婷，自己偷偷去了曲靖。

“张扬，好久不见了，”姨妈显然没有听说张扬的事情，两个人的朋友圈也确实没有什么交集，这对张扬是好事。

“嗯，家里都还好吧。”张扬客气地回应道。

“都还行。”

“姨父呢，怎么没见到人。”张扬四下看了看。

“出去打麻将了。”姨妈一脸埋怨的神情，“一天天就知道玩，也不干正事。”

“您是家里的顶梁柱嘛，家里有您就够了。”张扬笑着说。

“你生意怎么样，现在实体不好做啊。”

这话总算是问到点子上了，张扬赶紧就坡下驴，“不好做，基本上没什么业务了，快倒闭了。”

“环境这么差吗？”姨妈表示惊讶。

“对，公司快支撑不下去了，还把车给押出去了，利息都给不起了。想着把车卖了，能把利息还上。”

姨妈这时候终于知道了张扬此行的目的，不过她不好点破，“你表哥正好想买个二手车练练手，干脆就卖给你表哥吧。”

“是吗，那太好了，要不您跟我一起去文山看看车况。”张扬问道。

“不用，我是信任你的，你那个车我记得是‘宝马 520’吧，好像还没几年。”

“是的，车况很好，也没开多远，您看看愿意出多少钱。”

姨妈想了想，“36 万元吧，你负责去文山把车开过来。”

张扬没有讨价还价，一口答应了。就这样，他带着姨妈给的 36 万元，从曲靖回到了文山。他一次性支付了 14 万元的利息，跟老板商量了一下，把车借自己先开几天，车老不开容易坏。老板见张扬一次性支付了这么多利息，便答应了。张扬终于把车从公司开了出来，几个月的时间，灰尘已经布满了汽车的各个角落，张扬把车开到洗车行，好好清理了一番。不过他没有直接把车开回曲靖，而是先在文山找老朋友茵子吃饭。张扬一方面是想找人聊天，缓解一下压力，一方面也希望找找机会，看看能不能有人投资自己的项目，不过他跟茵子说的并不是酒吧计划。张扬此时已经觉得酒吧不太行了，因为投入太大，回报周期太长，就算 140 万元现在还在，这个酒吧项目也不太好开展。文山那边的施工因为款项无法到位，也暂时停止了。此刻，他跟茵子说的是另外一个计划。

“我想构建一个平台，一个金融平台，可以实现快速融资和自筹资金的平台。”他很认真地说。

“受众群体呢？”茵子问。

“整个云南的高校市场，前期的推广肯定比较困难，但一旦第一时间掌握了客户，前景是很大的。”

“盈利模式呢？”茵子表现出兴趣。

“第一，我们可以通过……”张扬的话还没有说完，手机便响了起来。他一看是表哥的，就装作没看见，就这样，表哥打了三个电话，张扬都没接。这下好了，婷婷的电话打了过来，张扬的心里有点发怵。他赶紧站起身，示意自己出去接个电话。

“张扬，你怎么回事，怎么去跟姨妈要钱了？你人呢？”电话中的婷婷十分暴躁。

“我暂时跟你说不清楚。”

“你个王八蛋，我们家脸都被你丢尽了！”

张扬直接挂了电话，他的大脑一下子炸了。他心里慌得很，自然也没心思跟茵子聊了。

“家里有点事，我得赶紧回去了，我们下次再聊。”张扬和茵子告别后便开车匆匆往姨妈家赶。不管后面的事情怎么发展，他得先把车送到表哥那儿。

“表哥，刚才在外面应酬，没看到电话，我在路上了，晚会儿把车开过去。”张扬打了个电话后，就开车驶向姨妈家。

到了姨妈家，张扬把车交接给表哥后就要走。表哥里里外外查看了车况，然后问了张扬最不想听到的问题，“行车证呢？”

张扬觉得这个事情也不好隐瞒了，他准备直接跟姨妈一家坦白，他走进屋里找到了姨妈和姨父。

“姨妈、姨父，我真的是走投无路了，我欺骗了你们。这个车我还做了一次抵押，行车证在那边押着，利息也好多天没有给了，我估计他们最近就会来拖车。”张扬说完，不敢看他们的眼睛。

回答他的是很久的沉默……

“张扬, 你真是聪明, 聪明都用到一家人身上了,”姨父愤怒了,“你打算怎么办？”他质问张扬。

“给我点时间，我会把钱凑过来还你的。”

接下来，是长达两个小时的训斥。

被骂的张扬感觉心情反而好受一些，也没有之前那么紧张了，坦白之后，心里的大石头终于落了下来。不过，事情却按照他预料的发展了，到了半夜，张扬被表哥的电话炸醒了。

“车不见了，你开哪儿去了？”

“你别急，我打电话问问情况。”张扬硬着头皮回答，他心里知道，车估计是被另一家车贷公司拖走了。张扬打电话一问，果不其然。

此时的张扬因为欺骗姨妈一家，在亲戚圈子里名声已经臭了。这件事情，婷婷和岳父自然也知道了，他们已经对张扬十分厌恶，但是事已至此，他们也只能帮着张扬想办法，先把欠姨妈家的钱还上，挽回一点声誉。

“酒吧的投资款你就不能先用一下，把这件事处理了吗？”婷婷问道。

张扬心里咯噔一下，回复道：“那个是专项基金，不能动的。”

他只能这么回复婷婷。

最终，婷婷让张扬把车卖了，卖车的钱先把该还的钱还了，剩下的钱由岳父作担保，整件事才算平息。不过，这一番折腾下来，张扬只是在利息上减少了一些，实际结果是债务并没有少，只是把债务从贷款公司转移到了姨妈家，而且车还没了，好在一车多押这件事总算是解决了。

心如死灰的张扬想到婷婷的闺蜜跟他约着下周在北京见面，便准备出发去北京。

19. 北京欢迎你

五点三十分，飞机开始慢慢起飞，顺着长水机场的跑道逐渐加速。周围的事物迅速向后倒去，飞机慢慢上升，窗外远处的树和护栏渐渐消失，而昆明的一座座大厦，也慢慢消逝。张扬感觉自己的脚离开地面，开始在天空翱翔。在飞机的轰鸣声中，张扬向敬仰多年的北京飞去。这让他短暂地忘却了所有的债务和烦恼。

当飞机停靠在首都机场一号航站楼的时候，张扬拨通了老赵的电话，老赵便是之前要给张扬投资 30 万元做酒吧的网友。老赵是老北京人，他提前在国贸 CBD 给张扬安排了酒店，俩人相约直接在酒店碰头。

这是张扬第一次来北京，下飞机后就感觉这里的冷和南方的冷不一样。这里是一种干冷，对于习惯了南方湿润空气的人来说，很容易在北京流鼻血。张扬在机场坐上地铁去市区，随后换乘出租车抵达国贸的酒店，热情的老赵已经在酒店大堂等着他了。

“张扬，你看上去可比照片上成熟多了。”老赵一口京腔，热情地走上前迎接张扬。

“你也一样啊，看上去比照片年轻很多。”事实上，他们俩是同一年的。

张扬之所以称呼老赵为“老赵”，是因为老赵个子大，他还带了一位个子更大的朋友，张扬站在他们身边显得有些“娇小”。办理入住后，老赵要带张扬去京城最有名的餐饮一条街——簋街。

“为什么叫‘鬼街’，闹鬼吗？”张扬问。

“簋，不是鬼啦，你有点文化行不行，这是北京品尝地道美食的最好场所。”老赵开玩笑地说。

在老赵的带领下，他们三个人来到簋街。这条美食街在阑珊夜色中，闪烁着诱人的光芒。

老赵找了一家老字号宵夜店，点了满桌张扬没有吃过的东西，如卤煮火烧、爆肚、羊蝎子、麻辣小龙虾、馋嘴蛙，等等，老赵的热情让张扬感到了北京之行的美好。三个男人，当然离不开啤酒和故事，一杯接一杯喝，喝得相见恨晚，一个话题接一个话题聊，聊得意犹未尽，大家各自讲述着一段又一段艰辛的历程，有快乐，有欢笑，有眼泪，有悲伤。在这种气氛下，时间消逝得很快。走出餐馆时，张扬已经晕乎乎了，时间也到了凌晨，家家户户廊下的红灯笼尤为耀眼，点缀着这条不夜街。

分别之后，张扬打车回到了酒店，他洗了个澡，美美地睡了一觉。

张扬第二天醒来时已是中午了，他发微信给小雯的闺蜜袁姐，约时间谈一谈投资的事情。

“晚上六点一起吃烤鸭。”袁姐回复道。

张扬想着没什么事，便躺在床上刷朋友圈，一条动态映入眼帘：“早安，北京！”配图是阳光明媚的长安街。张扬看了一下，发状态的是茵子，他感觉自己眼睛花了，又定睛看了一看，确实是茵子。他赶紧给茵子发私信：“你怎么来北京了？”

茵子很快回复：“对啊，我昨天就来了。”

“我们一起逛逛吧？”

“你也在北京？”

张扬突然有一种他乡遇故知的感觉，茵子告诉张扬她在天安门附近，张扬赶紧穿好衣服，简单洗漱收拾后，打车前往。张扬欣赏着北京的建筑，一座座不算高的大厦屹立在路旁，吞噬着二环以内无数个奋斗的欲望，但出租车只开了一会儿便拥堵了。国贸到永安里这一段路，不过几公里，硬是堵了半小时，张扬恨不得下车走路。一小时后，他终于在西单附近下了车，见到了茵子。

茵子穿着灰色大衣，裹着一条围巾，头上戴一顶帽子，看上去挺时尚，俨然一个游客的装扮。

“真巧，你独游？”

“我来考察啊，你不也独游吗？”茵子反问道。

“我是穷游，你看我穿得这么单薄，冷死了。”

“走，我们逛逛去。”茵子笑着说。

不知道为什么，对于这个陌生的地方，张扬一下子感到熟悉了。

西单商圈有很多小吃店，俩人刚好都没有吃东西，便来到胡同里的一家小吃店，点了两碗老北京炸酱面，边吃边聊。

“你来考察什么项目？”

“建材展，我昨天去过了，跟我们那边真的有很大的差距，也有很大的市场。”

“经济整体萧条，实体很难做了，特别是今年，地产也很萧条，建材自然也不会好。你还是省省心吧，我上次和你说的事比这个强多了，现在是互联网时代。”张扬分析道。

“你上次也没说什么，被电话叫走了。”茵子一脸埋怨的样子。

互联网金融平台，张扬也只是一个构想，他还没有具体去做企划，也跟茵子说不了太多，这次便没有深入讨论。两个人吃完面后，便结伴去西单的商场逛逛。茵子也喜欢购物，不知不觉就买了一大堆东西，时间已经是下午五点了。

“晚上我带你去全聚德吃烤鸭吧。”张扬说道。

“好啊。”茵子很爽快地答应了。

张扬正说着话，一听手机响了，他打开一看，是袁姐打来的，他赶紧接通。

“你在哪里呢？几个人？”

“两个，我们现在在西单逛街。”

“好，那就定在你们附近，全聚德王府井店，你们坐地铁，几站就到，然后跟着导航步行过去，我们六点见。”

北京的拥堵让张扬刷新了认知，那么晚高峰的地铁更是把张扬的认知提高了一个新的档次，张扬被地铁上的人流挤得都快双脚离地了。两个人被人流挤上车，又被人流挤下车，浑身都是汗。

下地铁时，俩人被挤得有些狼狈，相互之间苦笑了一下。

六点十五分，他们到了全聚德。袁姐已经在门口等了，看到张扬后，她迎上来和张扬握手，“我是小雯的姐姐，袁梅。”她微笑着握手，指着另外两个人，“这两位是我的好朋友。”

张扬随即跟另外两个人打招呼，大家相互握手问好。袁姐长得很富态，完全不像跟张扬一个年龄段的人，他有些露怯，倒是茵子比较大方，自己介绍自己。

“我叫茵子，是张总的云南老乡，今天在北京碰巧遇见的。”

大家都是云南人，于是很和谐地用餐，很快就打成一片。

北京全聚德的烤鸭就是矫情，昆明学成饭店 50 元的烤鸭，同样的做法，在这里要卖 280 元。果然，不同地方的鸭，命运都是不相同的。几个人喝了几瓶啤酒之后，气氛变得更加融洽了。

“张扬，认识你很高兴，说吧，一会想去哪里玩？”袁姐问张扬。

“不用那么客气，袁姐。”

“怎么感觉有点不高兴，你的事放心吧，直接去找小雯就可以了，钱我会转给她，你要好好加油。”她小声地告诉张扬。

“谢谢，谢谢。”张扬举起酒杯敬了袁姐一杯。

晚饭过后，袁姐要带几个人去三里屯的酒吧街，张扬欣然接受，倒是茵子不太想去，“要不我先回酒店吧，我不会喝酒，你们去玩！”

茵子说话的时候看了看张扬。

“别扫兴了，一起吧！”想不到，袁姐十分强势，茵子也只好随行了。

一行人打车，很快就到了三里屯，袁姐就近找了家酒吧BOYS&GIRLS，里面有现场表演，人气很一般。多年的夜场泡吧经验告诉张扬，这家酒吧比较一般，酒却卖得很贵。北京就是北京，物价吓人，不过既然来了，就不要想太多了，还是高高兴兴地玩吧。张扬决定把老赵约过来，大家可以相互认识一下，人多也玩得开心一些。

“赵哥，你在哪，我在三里屯，来喝两杯。”张扬给老赵发微信并且给了定位之后，便跟大家喝起酒来。

“来，为了我们在北京的遇见，干杯！”张扬邀茵子举杯。

“我不会喝酒。”茵子虽然这么说，但还是举起了酒杯。

酒就是这样，喝着喝着就会了，有了第一杯，就肯定会有第二杯。

“袁姐，谢谢你的热情款待，干杯！”

……

半小时左右，老赵来了，张扬远远地看到老赵，挥手示意他过来。老赵走到张扬身边坐下，“张扬，喝了这杯酒，我带你去工体那边感受下北京真正的夜场文化。”工体，张扬可是久闻大名。“一会儿咱们一起啊，欢迎我们云南的张总。”说完，老赵抬起酒杯邀大家干杯，然后撤离。

11点，张扬一行五人加上老赵俩人，出现在了工体旁的D-One酒吧。

老赵一进门，客户经理便蜂拥而上，卡座、四瓶洋酒、果盘、各类小吃，安排得妥妥贴贴，老赵牌面真大，看来是这里的大客户。

D-One，它不同于安静的音乐吧，因为它有鲜明的特点；它也不是热烈的DISCO广场，因为它的节奏相对缓和；它更不是单纯的演艺吧，因为它有暧昧的情调和CLUB式的交流方式。灯光把这个酒吧的氛围渲染到了极致。

一小时过后，大家都表现出了疯狂，就连茵子也泛红着脸，随着酒吧的音乐摇摆。袁姐更是和她的朋友们进行游戏对决，酒吧音乐声音本来就大，但是从袁姐那里传出的“十五二十五”的声音，有时候甚至超越了音乐的分贝。张扬也进入状态，跟着音乐一起摇摆。

酒吧里灯光闪烁，外籍DJ打碟的样子，十分有范儿，张扬开始享受一首首音乐和D-One的奢华。这一刻，他觉得自己的命特别好，兄弟的热情，合作伙伴的认可，他乡遇故知的感动，交织在一起。

一点半，袁姐和朋友都喝不动了，她嘱咐张扬明天给她打电话，剩下的她来安排，然后便带着两个朋友走了。桌子上还剩下两瓶洋酒，只剩下茵子、老赵和张扬，三个人继续喝。

到了凌晨两点半，老赵也很晕了，他自己打车回家，张扬负责送茵子。

“你住哪里？”张扬问茵子。

“干杯，张扬。”茵子看来是喝尽兴了。

“还干杯？我们回家了。”

张扬问了半天，茵子也说不出酒店在哪里，而且她明显是醉了，整个人都站不住，只能靠着张扬。张扬没辙，只好叫个车，把茵子带回了国贸的酒店。醉酒的茵子实在是沉，张扬实在是不好扶，本想再开一间房，但实在腾不出手，便干脆把她背回了房间。他把茵子放在床上，盖好被子，调整好空调温度。张扬也喝了不少酒，安顿好茵子后，自己也倒在沙发上睡着了。

第二天早上，张扬十一点醒来，只剩下自己和一条微信。

“昨晚酒喝多了，就当什么都没发生过。”

张扬简直哭笑不得，自己在沙发上躺了一晚上，本来也没发生什么呀，茵子真是偶像剧看多了。他站起身，活动了一下身子。

昨天的酒确实喝多了，他竟然没有发现茵子是什么时候离开的，不过这都不重要了。

北京之行，张扬的心里舒坦了很多，事情处理得差不多了，再玩一天就准备回家，他预订了第二天晚上七点回昆明的机票。

张扬开始了一个下午漫无目的的闲逛，国家大剧院、人民大会堂，然后是鸟巢、水立方。夜幕降临，鸟巢亮起红光，水立方开始变换着各种颜色，国家体育公园人潮涌动，十分热闹。这天晚上，张扬哪里也没有去，他不想再麻烦袁姐和老赵了，就发信息告诉他们自己已经回昆明了。实际上，张扬则躺在酒店整理思路。他还是决定做互联网金融，第一步是先铺开市场，他安排了以前的设计师帮忙设计了宣传单和不干胶样品，等他回到昆明，成品便可以投入使用。随后，他联系了两个一直跟随他做事的兄弟，让他们等自己的电话，带他们赚一些钱过年。这一天晚上，张扬睡得很踏实，因为他对未来充满了希望。

第二天，张扬一早便醒来，总觉得自己在北京还差点什么事没做，想来想去，对了，“不到长城非好汉”，是的，他要去长城看看。

张扬退房后，吃完早餐，便包了一辆出租车前往延庆，国贸到八达岭是有相当一段路程的。

长城是中华民族的象征，它以磅礴的气势享誉世界，被列为世界文化遗产。

张扬抵达八达岭时，已经快下午一点了，虽然是淡季，但长城依然聚集了来自世界各地的游客。

出租车司机在景区外等候，张扬则开始了对中华古老文明的参观。他上坡走到写有“中国长城博物馆”的城墙，穿过城墙，没走多久便看到了“不到长城非好汉”的牌碑，瞬间有了种不一样的豪迈感。张扬惊叹古人的筑城能力，一步步向着长城巍峨陡峭的顶部攀登。张扬爬到长城顶端时，抬头望去，只见层林尽染，长城像一条巨龙盘亘在远处的山梁上，看不到尽头。他大声地吼出了长时间的压抑：“我一定要重新站起来！”

20. 又撤资了

北京之旅，张扬觉得自己是没有遗憾的。

不过，回到昆明后，张扬又被打回原形了。虽然融到了一些资金，未来也有了方向，但是想到债台高筑，那点儿资金完全是杯水车薪。果不其然，在昆明机场等候的婷婷见到张扬，第一句话就是："信用卡催我一天了，怎么办？"

"先存 5000 元进去，没事的，别怕。"张扬安慰道。

"敏哥的车在这里修，他让你帮他把车开回去，我们就不用坐车回去了。"敏哥是婷婷的堂哥，正是同意用酒吧装饰总费用的百分之二十五入股的那个投资人，在装修过程中，敏哥还帮张扬投了 10 万元左右的垫资。

张扬心里盘算着，"这个车我不能开回去，他就是故意让我开回去好在家里蹲我呢。婷婷估计还不知道投资款的事情。"张扬想到这一点就恍然大悟了。不过，他还是要先把车取出来再说，俩人打车去了修车厂。

张扬检查了一下凯美瑞的车况，确认无误后便把车从修车厂开了出来。张扬不敢把车开回去，投资人肯定在家里"埋伏"他，所以，他干脆让婷婷自己把车开回去了。

目送婷婷离开的时候，张扬接到了小雯的电话。

"张扬，资金已经到位了，就等你开始运作，为保险起见，钱要先暂存在我这里。"小雯说道。

"我理解，这次的事情真的太谢谢你了。"张扬由衷地感谢小雯。他知道小雯诚心实意要帮助自己，想看到张扬重新站起来的样子。他晚上想约一下小雯，把事情的最新进展和自己的安排跟她说一下。小雯说自己没有时间，她告诉张扬放手去做，钱的话没有问题，她随时可以先转 20 万元给他启动。张扬算了算，开始规划这笔资金的用途，第一部分是处理一些棘手的债务，第二部分是买辆便宜的车先开着，这样外出活动方便一些，第三部分是拿钱改善一下与客户的关系。虽然小雯说自己没有时间，但是小雯这么帮自己，张扬肯定不能差事，他好说歹说，还是在第二天把小雯约了出来。张扬不光是要当面感谢小雯，还要跟小雯畅谈一下自己的伟大理想和计划。

两个人相约在一家咖啡馆见面，张扬还特地换上了一套新买的衣服，特意整理了一下发型。小雯没有说话，倒是张扬自己先开口了："我最近挺好的，又拿到一笔投资。"小雯的脸色不是很好看，没有接张扬的话，张扬继续说："我想，项目很快就可以进入运作状态了，前期的各类考察和市场调查也差不多完成了。"

小雯喝着咖啡，沉默一会儿后说道："张扬，我也很想帮你，但是我现在的情况也不太好，我没有能力了。"

张扬对小雯的话感到有些诧异，"我从来没想过让你投资啊？"

接下来小雯说的话，让张扬浑身发冷，"我朋友要撤回资金，她告诉我，等你先做得差不多了，再考虑投不投入。"小雯抿着嘴，感觉有些尴尬。

“袁姐是不是也听到一些关于我的风言风语了？”

“再联系吧，好好加油！服务员，买单。”小雯说这句话的时候从容且坚决，她并没有回答张扬的问题，也没有给他追问的余地。

“我来买吧！”张扬感觉有些无力。就这样，小雯起身离开了。张扬一个人失魂落魄地坐着，直到很久之后才回过神来起身结账，然后失魂落魄地走出了咖啡厅。

“不就是钱么，我偏要靠自己站起来。”感觉被耍了的张扬，咬了咬牙。

天无绝人之路，姐夫知道张扬在重新创业后，帮张扬介绍了一笔生意，是一个下属县城的大型地产商的开市活动，舞台、灯光和演艺都需要高水准，预算有好几十万元。张扬从姐夫那里得知消息的第二天，便踏上了久违的竞标之旅。

在到达县城之前，张扬提前让一直合作的设备供应商做了一份详细的策划和报价。当晚，开发商很热情地招待了张扬，第二天早上，张扬在会议室进行了详细的分析和讲解。这种事张扬很久没有做了，连讲话都变得生硬，幸好准备还算充分，得到了大部分高层的认可，毕竟张扬的传媒公司在当地还是有一定影响力的，张扬自己的负面新闻也不至于辐射到县城。

第二天，如坐针毡的张扬终于得到了消息：中标了，合同金额 63 万元。

张扬知道，这个单子做好，利润应该有十七八万元，但是由于竞标激烈，开发商只同意支付 10 万元的定金，尾款要在设备、人员验收完毕后才全部付清。张扬没有选择，只能接受这个条件。这也意味着，他前期需要垫资 30 多万元。张扬让他们财务把定金打给了他，在和开发商的负责人继续沟通好相关的事项后，他回到了家，准备即将要进行的为期一个月的辛苦工作。他跟老赵先借了 30 万元资金启动，终于漂漂亮亮地完成了地产商开市布置工作，在收到尾款后，张扬给老赵多转了 2 万元，当作利息。这是很长时间以来，张扬第一次赢利。他还给姐夫转去 2 万元，表示感谢。不过，这点钱，对于巨额债务来说，微不足道。

21. 给我们一个交代

时间来到了 2016 年年末，张扬在春城的路边游荡，温度越来越低了。他漫步在冰冷的街道上，像一只无头苍蝇，偌大的昆明，找不到他的容身之处。

"张扬。"身后突然有人叫他。

张扬下意识地答应了一声，回头一看，竟然是敏哥和酒吧的另外两个投资人。张扬吓得面如土色，拔腿就跑。两个投资人跟在后面追，张扬赶紧跑到一个巷子里，但是没想到敏哥突然出现在前方的巷口处，就这样，张扬被三个人包围了。

"你跑什么！"三个人都气喘吁吁，把张扬围在巷子中间。

"我没有跑。"张扬气都喘不上来，只好蹲在地上。

"快还钱。"敏哥喊道。

三个人互相递了个眼色，知道这里说话不方便，便把张扬带到了他们居住的酒店。

张扬躺在沙发上，被三个人围着，显得非常无奈，他没有想到债主已经来昆明截他了。

"你们至于吗？"

"怎么不至于？快还钱。"三个人嚷嚷着。

张扬刚想说自己没有钱，但是话没有说出口，就改变了想法，如果他说自己没钱的话，几个人肯定会一直守着他，所以他干脆跟他们说："最近刚刚做了个项目，赚了点钱，我相信你们应该听说过吧。"张扬说的是真的，这几个人对张扬重新接广告业务的事情也是有所耳闻的，不过眼见为实，他们才不管张扬有没有接业务，他们只要张扬把酒吧的投资款还给他们。

“不信你们看我的转账。”张扬说着打开了开发商尾款的截图，足足有53万元。

看到大笔资金转账，三个人的脸色稍有缓和，但是很显然，这几人已经完全不信任张扬了，他们必须要看到张扬的手机银行余额。张扬没办法，手机被夺了过去，这一下子露馅了，手机银行只有10万元。

“53万元呢？”其中一个人愤怒地喊道。

“53万元在对公账户上，手机上查不到。”

“我不管，先把这10万元转给我们。”

张扬看着几个人凶神恶煞的样子，已经落在手里了，也没法拒绝，虽然这钱是他的启动资金，但是事已至此，不转不行了。于是，他便用手机银行操作了一下，按照投资额度，给三个人分别先还了5万元、3万元和2万元。

转完钱，三个人并不打算放张扬走，要跟着张扬回去拿U盾，把对公的钱也转出来。张扬知道这样要露馅，赶紧说道：“钱有，不差这一会儿，刚才不是已经还你们一些了么。这样吧，晚上我做东，请你们去酒店吃饭，就当赔罪。”

几个人商量了一下，觉得这样不太保险，让张扬点外卖到酒店吃。张扬很是大方，用银行卡里剩下的最后四百多块钱全点了烧烤，外加三瓶白酒。

就这样，几个人吃吃喝喝，张扬推杯换盏，硬是把三个人灌醉了。张扬这种在夜场待久了的“酒神”，他们三个自然不是对手。到了半夜，三个人全部趴下了。

“兄弟们醒一醒，你们谁帮我买包烟，”张扬谨慎地瞄着三个人，见没有动静，继续试探，“你们不买，我可自己去买了。”说完，他就蹑手蹑脚地开门溜了出去。

张扬走到酒店楼下，向身后看了一眼，确定没有人跟着，于是加快了步伐，三分钟后，他找到了一辆拉客的三轮车。坐上三轮车后，他心跳加速，时间不多，一旦他们醒了就麻烦了。张扬知道，自己不能去车站或者专门乘车的地方，他们醒过来后极有可能往这些地方追。张扬想了想，决定先回曲靖，他让三轮车司机帮忙联系了一辆专跑曲靖的私家车，并且直接把自己拉到了司机家的楼下。

张扬跟司机协商好，120 元，从昆明到曲靖。张扬已经身无分文，连这 120 元都没有，他想了一圈，似乎找谁都不合适，最后出现在脑海里的是茵子。他翻着手机，给茵子打去了电话。

“你在哪里，我是张扬，你帮忙微信转 120 元钱给我，我手机上没钱了。”张扬很慌张地说。

“大半夜开什么玩笑呢？你到底是什么情况啊？”茵子很明显被张扬搞得一头雾水，但还是很快就把 120 元转了过来。

“先不说了，你发个定位给我，一会儿再跟你解释。”

茵子发来家里的位置，一个多小时后，张扬到了曲靖，跟茵子碰了头。

上次北京一别后，张扬和茵子的联系也不算太多，没想到这次见面却这么狼狈。张扬把事情的经过详细地告诉了茵子。

茵子表现得非常鄙夷，“你就不能把钱还了吗？”

“你以为我不想还，你以为背着债我不难受吗？”张扬非常沮丧，“我已经很努力了。”

茵子看着蓬头垢面的张扬，感到有些心酸，就不再说话。

张扬在茵子家的沙发上坐了一会，然后用热水洗了个头，整个人躺在沙发上，终于缓和了一些。张扬看着静音的手机，已经几十个未接电话了，他不敢拨回去。打开微信，显示几个婷婷的未接视频通话，张扬赶紧语音通话回拨了过去。

“张扬，酒吧的投资款呢？”婷婷显得非常愤怒。很明显，几个投资人早已经发现张扬跑路，他们联系不上张扬，找到了婷婷，一下子把事情给捅破了，“你别忘了，里面还有我哥的钱，敏哥是我堂哥，是我的亲人，你可真不是个东西啊！怪不得你上次不敢开敏哥的车回去呢！”

“你骂我吧！”张扬无力反驳，只能挂了电话，瘫在沙发上。

“你在我家也不是办法，我给你找个酒店吧。”茵子说道。

在初冬寒冷的曲靖，茵子帮张扬安排了一个酒店，他在里面一待就是三天。这几天，他每天只能无聊地看着电视，刷着手机。

几个投资人也不是吃素的，找不到张扬，他们便在朋友圈到处发张扬欠钱不还的消息，还配上照片。如此一来，张扬觉得也不能在曲靖待了，毕竟曲靖认识他的人太多。在昆明都能遇到债主，更不用说在曲靖了，他决定到外面躲一躲。

“茵子，跟我一起出去散散心吧。”张扬说道。

“你有钱吗？”

“没有。”

茵子笑了……

出发的那天，曲靖下起了雪，茵子开着别克凯越，载着张扬，俩人开始了一场没有理由、没有目的的旅途。汽车驰骋在高速公路上，雨刮器飞速地摇晃在挡风玻璃的镜面上，窗外飘着雪花。空中，晶莹的雪花翩翩起舞，甚是优美，它们尽情地挥洒着自己的衣袖，舞出这个冬天最优美的姿态。

雪越下越大了，高速公路边的一座座大山上已经银装素裹，恰似西藏的雪山。张扬感觉这个雪来得太是时候了，感觉冬天像是蕴藏着某种旺盛的生命力，在播洒希望的种子。

“我们去哪儿？”茵子问道。

“丘北，普者黑！”

22. 普者黑

普者黑是一个美丽的地方，但之前并不是很出名，直到湖南卫视的《爸爸去哪儿》有一集在这里拍摄，普者黑因此走红，被全国观众所熟知。这个季节去，是欣赏不到荷花盛开的美景的，也没有办法感受打水仗的刺激，不过冬天去玩，也有另一番韵味。

对于张扬来说，彩云之南，那些自然或人文景观，他已经是耳熟能详，而且大多去过。普者黑他还没去过，所以，对自己尚不熟悉地方，他有着更强烈的探索欲。

普者黑位于云南文山州丘北县境内，为彝族聚居地，距离昆明 306 千米。“普者黑”为彝语音译，意为盛满鱼虾的湖。这里山水相依，溶洞密布，地理奇特。普者黑的湖水非常著名，清澈见底。

天气晴好之时，天空和湖水是一样的青色，星罗棋布的孤岛“各怀心事”，静静地矗立在水中，游客在湖面上泛舟，水中鱼游虾潜，花漂草浮，一览无遗。艄公轻摆船桨，小船悠悠晃晃，岸边的渔家正在辛勤劳作，真是一片祥和盛世的美景。张扬和茵子坐在船上，似乎也成了这景象的一部分。

晚上，两个人在景区的湖边餐厅用餐。餐厅有一条很有特色的鱼，还有他们家自酿的酒，服务员向俩人推荐了一个叫“热恋”的品种。“看你们正在热恋，尝尝我们家的热恋酒！”服务员的普通话一点都不标准，但非常纯朴。

两个人都尴尬地笑了笑，连忙一起解释，“不不不，我俩是好朋友。”

俩人倒了“热恋酒”尝了尝，其实就是自酿的杨梅酒。

酒过三巡，俩人都有些醉了，杨梅酒虽然度数不高，但是后劲挺大。两个人都开始说起自己的故事，张扬这是第一次知道，原来茵子跟小雯一样，也有着一段刻骨铭心的婚姻悲剧。不过，她现在浑身上下都散发着自信、朝气和阳光，实在是不容易。

张扬也把自己的经历告诉茵子，茵子听得很认真。夜色下的普者黑，有些微凉。

“我还是不是人？”他问茵子。

“不是。”她回答得很干脆。

“我是不是无药可救了？”

“是！”

“我是不是应该从这跳下去？”

“不是！你应该从这里走出去重新做人。我知道你已经很努力了，我相信你可以早日还清债务，重新站起来。”

张扬和茵子在丘北待了三天，俩人的心情都好了不少，于是决定返程。

“茵子，我之前和你说的事，还有兴趣吗？”张扬开着茵子的车。

“很好啊，但要行动起来。”

“我再把计划跟你描述一遍，这是一个针对 26 万云南高校学生市场的金融平台，是有很大潜力和前景的。第一，我们要掌握第一批用户群体，这是我们以后做大做强的基础。那么如何让学生快速体验到我们的金融服务，并且快速启动呢？我想应该是传统模式加创新，传统推广，就是派发单页，通过宣传把我们的需求直接进行传递，但这种方式成本比较高，效果也不会太显著。第二，大量招聘学生加入这个庞大的团队，用团队来运营，同学之间介绍，这种速度是惊人的。第三，启动资金的问题，我之前的资金都被我花完了，还欠着投资人的债务，所以现在这个是最棘手最困难的。”

“我们可不可以用几万元做个市场测试？”茵子问。

“行，那我们先考察下学生的消费水平和金融意识，也熟悉一下昆明呈贡大学城周边的环境。”

“我相信你，加油！”茵子说。

“这算是在陪我东山再起吗？”张扬开玩笑。

“当然。”茵子很认真。

“好，以后你就是副总了。”虽然是句玩笑话，但张扬却在心里打定主意，一定要把新的项目做起来。

两个人回到昆明后，张扬就去学校考察，一是随机采访；二是做问卷，每天从早忙到晚，在学校食堂、大门、图书馆、篮球场采访学生，收集了上千份数据。考察进行得十分顺利，张扬乐在其中，仿佛看到了自己曾经奋斗的影子。

连日的勤奋工作，张扬的心态也放松了，压了许久的很多事情，他也都放下了，晚上，他和茵子去了夜场，好好放松一下。

“用一生一世爱一爱，爱一爱……”沙宝亮的登场亮相引起了昆明顺城芭比全场粉丝的尖叫，他的现场唱功确实了得。《暗香》《野子》这些熟悉的旋律把当晚的气氛推向了高潮，一时间，全场手机、手电筒全开，配合着沙宝亮这颗闪亮的明星。

茵子挤在人群中拍摄，张扬则一个人缩在芭比的角落里，端起一杯啤酒，干了。张扬这一晚并没有获得真正的放松，看着灯光下的明星，他才更觉得自己人生灰暗，他开始寡饮，开始反省自己。

曾几何时，他的人生也才刚刚开始，生活中充满着喷薄的张力，那是新鲜，是眼前一亮，是初升即耀眼，是好奇，是血液的激情流淌，甚至是冲动与鲁莽，那都是年轻的象征。张扬是属龙的 80 后，80 后的代名词应该是意气风发，扫清面前的一切障碍，拥有一颗无所不能的心，向往着外面的世界，希冀从别人艳羡的目光中获得荣耀。可是现在，他成了过街老鼠，成了惊弓之鸟，成了一潭死水。此时他想得更多的不是自己的遭遇，而是自己的亲人和朋友，相较于自己，他们似乎比自己还要惨，张扬真的感觉对不起他们。张扬多么希望一切都没有发生过，甚至希望人生重新来一次，哪怕重新读一次大学，进一次社会，谈一次恋爱，踢一场球，创一次业……一切都比现在要好；但生活就是生活，不可能给他这些机会。翻过年来就是 2016 了，张扬就 29 岁了，是真正奔三的关口，这半年仿佛入炼狱一般，他突然感觉有些痛苦。

茵子在人群中没有找到张扬，她四下观望，发现了角落里的他，便走了过去。

“怎么啦？”她关切地问道。

“有些痛苦。”

“我带你去医院。”

“我想去西藏走走。”

“我陪你去。”

“这次，我想一个人去。”

23. 圣洁的西藏

2015年年底的最后几天，张扬独自踏上了去西藏的旅途。他向往神奇圣洁的雪域高原、规模恢宏的布达拉宫，西藏圣地一直让他魂牵梦绕。为了一路洗涤心灵，他特地坐了火车，感受这趟神奇的“与自己对话”的旅途。

张扬带了一本心理学的书在路上看，他看到几个特别有意思的故事。其中一个故事叫作《老人与黑人小孩》，故事大概是这样说的，几个白人小孩在公园里玩，这时，一位卖氢气球的老人推着货车进了公园。白人小孩一窝蜂地跑了过去，每人买了一个气球，兴高采烈地追逐着放飞的气球跑开了。白人小孩的身影消失后，一个黑人小孩怯生生地走到老人的货车旁，用略带恳求的语气问道："您能卖给我一个气球吗？"

"当然可以，"老人慈祥地打量了他一下，温和地说，"你想要什么颜色的？"

他鼓起勇气说："我要一个黑色的。"

脸上写满沧桑的老人惊诧地看了看这个黑人小孩，随即递给他一个黑色的气球。

他开心地接过气球，小手一松，气球在微风中冉冉升起。

老人一边看着上升的气球，一边用手轻轻地拍了拍他的后脑勺，说："记住，气球能不能升起，不是因为它的颜色，而是因为气球内充满了氢气。"

这个故事给了张扬一些启发：成就与出身无关，与人的信念有关。只要人有信念，就可以积极地面对一切困难和挫折，这种积极和自信会帮助他渡过难关。

还有一则故事叫作《摔碎的牛奶瓶》。

十几岁的桑德斯经常为很多事情发愁。他常常为自己犯过的错误自怨自艾，交完考卷以后，常常会半夜里睡不着，害怕没有考及格。他总是想那些做过的事，希望当初没有这样做，总是回想那些说过的话，后悔当初没有将话说得更好。

一天早上，全班到科学实验室上实验课，老师保罗·布兰德威尔博士把一瓶牛奶放在桌子边上。大家都坐了下来，望着那瓶牛奶，不知道它和这堂卫生课有什么关系。

过了一会儿，保罗·布兰德威尔博士突然站了起来，一巴掌把牛奶瓶打碎在水槽里，同时大声叫道："不要为打翻的牛奶而哭泣。"然后，他叫所有的人都到水槽旁边，好好地看看那瓶打翻的牛奶。

"好好地看一看，"他对大家说，"我希望大家能一辈子记住这一课，这瓶牛奶已经没有了，你们可以看到它都漏光了，无论你怎么着急，怎么抱怨，都没有办法再救回一滴。只要先用一点思想，先加以预防，那瓶牛奶就可以保住。可是现在已经太迟了，我们现在所能做到的，只是把它忘掉，丢开这件事情，注意下一件事。"

看到这则故事的时候，张扬觉得有点搞笑，大道理都懂得，只是这种顺其自然、随遇而安的心态，有几个人可以做到呢？因为很多人面对的可不是一瓶牛奶的损失，如果一个人面对几百万的债务，怎么可能把债务忘掉，丢开这件事呢？

快到拉萨的时候，张扬读到了最后一个故事《亚历山大的财宝》。

亚历山大大帝给希腊世界和东方、远东的世界带来了文化的融合，开辟了一直影响到现在的丝绸之路的丰饶世界。据说他为此投入了全部热情与活力，出发远征波斯之际，曾将他所有的财产分给了大臣。

为了登上征伐波斯的漫长征途，他必须买进种种军需品和粮食等物资，为此，他需要巨额的资金，但他却把全部财产都给臣下分配光了。群臣之一的庇尔狄迦斯深以为怪，便问亚历山大大帝："陛下带什么启程呢？"

对此，亚历山大回答说："我只有一件财宝，那就是'希望'。"

庇尔狄迦斯听了这个回答以后说："那么请允许我们也来分享它吧。"于是他谢绝了分配给他的财产，而且大臣中的许多人也仿效了他的做法。

张扬觉得这个故事有点离谱，太理想主义了，真正的亚历山大肯定没有做过这样的事情。这个故事的主旨是好的，所有的人都生活在希望之中，希望是积极心态的催生剂，有了希望，就有一颗积极的心，没有办不成的事。

张扬合上书，踏上了西藏的土地。

西藏在很多人的想象中是神圣而又神秘的，是一生必去的地方，张扬同样对这里充满着憧憬。

他虽然没有宗教信仰，但也好奇什么样的水土可以孕育仓央嘉措这样的痴情郎。他冒着高原反应的风险和一个人旅行的忐忑心情，开始了这段旅程，希望通过美好的风景驱散这半年以来的阴霾和厄运。

冬季的布达拉宫，有着别样的圣洁。它坐落在拉萨的一座山上，分为红宫和白宫，一共有13层，是一个很大的宫殿群，被誉为“高原明珠”。从山脚仰望，布达拉宫高大雄伟、金碧辉煌。要是从城墙上往外看，则可以俯瞰整个拉萨，十分壮观。

布达拉宫从前是达赖喇嘛的冬宫，上四层是红色的，也就是达赖喇嘛居住的地方，里面布置得富丽堂皇，基本上全是金子做的，有好多金佛、经书，五世达赖的灵塔就用了3700千克黄金和几万颗宝石。下几层是小喇嘛、卫兵、仆人住的地方。

张扬来到这个没有喧闹的灵殿，耳边聆听着藏传佛教的传说，很自然地也生出了很多虔诚的致意和感恩。他在布达拉宫回想自己迷失的历程，感恩自己的亲人和朋友，并且为自己这半年的所有过错进行忏悔。

在西藏布达拉宫，这个最接近天堂的地方，张扬突然感到了前所未有的轻松。他走出宫门，抬头仰望高原的天空，湛蓝湛蓝的，心灵如雄鹰一般飞翔了起来。

他做了一个大胆的决定。

第四章（2016—2021）

1. 卖房还债

婷婷以为张扬疯了，他从西藏回来后第一件事就是回家翻房产证。

“你发什么疯！”婷婷歇斯底里。

“卖房子还钱。”

“你有病吧。”

张扬回来后的心态变得非常平和，即便婷婷这么发火，他始终保持着平和的微笑，“亲爱的，我想清楚了，我不想让所有信任我的人受伤，我要尽力弥补我的过错，我要先把钱还给朋友和亲人。”

婷婷大吼：“你要还也是先还银行吧，亲戚和朋友又不要你的利息。”

“你别管了。”张扬斩钉截铁地出了门。

卖房子很快，就这样，张扬一个星期就把房子卖掉了，按照当时的市价，总共卖了 220 万元。

“我把房子卖了，1 月 1 日，到我公司拿钱。”张扬在朋友圈发了这样一条消息，然后给酒吧的投资人、敏哥、猴子、小雯、姨妈、朋友、供货商都单独发了一遍消息。

就这样，在 2016 年开年的第一天，张扬在自己的办公室桌子上堆了 200 万元的现金。他按照比例，每个人都还掉了一部分。小雯和姨妈不可能特地来一趟，张扬给她们转了账。虽然每个人的欠债都还剩一点，但是大家已经拿到了大头，也就没有为难张扬，既没有说难听的话，也没有做出格的动作，反而纷纷鼓励他。张扬只给自己留了 20 万元做创业启动资金。

没了房子的张扬和婷婷搬到了娘家住，从别墅换到了普通住宅，婷婷虽然有些不满，但是看到朋友和亲人重新回到了张扬身边，婷婷心里也感受到了一种长久以来的释放。

“我终于感觉自己重新做回人了。”婷婷哭着跟张扬说。

新年新气象，2016 年，张扬没有别的想法，只剩下挣钱还债，新年第一天卖房给大家还钱就是表明自己的态度。

平掉 200 万元的债务后，张扬还有 300 万元的债务要还，而且大头主要在网贷和信用卡上，它们是冷冰冰的贷款和催收，可不像亲戚朋友会给张扬留情面。张扬想着赶紧挣钱把这 300 万元还上，这是他现在唯一的目标。

2016 年 1 月到 3 月，张扬的 20 万元资金全部花在了前期的广告投入上，以至于后面他没有资金进行平台搭建了。而且既然是金融平台，肯定就需要大量的资金进行流通，但是张扬没有这个实力，跟亲戚朋友借钱肯定行不通，好不容易还给他们的钱，他们肯定舍不得再拿出来。所以，思前想后，金融平台的创业计划，他还是打算放弃了。他确实没有其他的挣钱门道了，郁闷的张扬便开始在网络上讲述自己的故事。

最早从 2010 年开始，网络阅读就已经盛行，出现了大量的网文平台，诞生了一批批优质的网文大神。张扬早些时候也想当一名网络作家，因为他自认为文笔还不错，后来因为公司业务繁忙，他压根没有时间提笔写作。现在好了，彻底清闲了，反正也没事干，张扬便想在网上把自己的故事写下来。他先是在贴吧里写，每天写一两千字，一开始没有人看，但随着故事往下推进，到了第五天，开始陆陆续续有几个读者在贴吧里留言互动了。张扬本来打算放弃了，看到有读者评论，积极性一下子又起来了，于是准备继续往下写。

他在贴吧里不分早晚、断断续续地连载。

“身无分文，众叛亲离，我是一个仅仅存在于别人通信录里都会让别人觉得特别可怕的人。2015 年，最惨的时候，我连一百块都借不到。”张扬的文字和经历打动了很多人。张扬没有想到，随着时间推移，贴吧里每天都有几十条甚至几百条新增评论，都鼓励他加油。在连载一个月后，他的专题获得了500多万的点击量。在收获信心的同时，张扬再一次嗅到了商机。

2. 出版众筹

2016年，是全民手机阅读时代，电子书非常火爆，公众号阅读更是风靡一时。借着贴吧的点击热度，张扬创立了自己的公众号“旅途在澳门”，他给自己起了一个笔名，叫作“未知的旅途”，把自己的故事连载在公众号里，把粉丝也引流到公众号。短短两周时间，张扬就吸引了两万多粉丝，每篇文章都达到了一万多的点击量。大部分都对他的经历表示好奇和同情，更多的是鼓励。还有些人跟他有一样的经历，他们都在公众号里找到了共同语言。张扬每天就跟粉丝们聊天，打发着时间。

某天，一篇文章下的评论引起了张扬的注意，“我是出版社的编辑，你的故事很不错，有没有兴趣出版成书呢？”

张扬在网上连载，只在情感上有一些收获，并没有什么实际收入，倒是编辑的这番话点醒了梦中人，张扬想着如果出版一本书出来，不就可以赚钱吗？于是张扬加了编辑的微信。编辑跟张扬说了出版的一些知识，张扬这才搞懂，出版也涉及多项成本，制作一本书出来，是非常高昂的。社里愿意跟张扬合作出版，张扬只需要承担一部分费用即可，所售图书的利润仍可以按照比例分成，即便如此，张扬自己还需要承担 5 万元左右的费用。这件事情是超出张扬预料的，他原本想着卖书挣钱，但是没想到自己还要掏钱出来。不过，他是知道成本核算的，毕竟自己之前做过杂志和印刷，知道成本的计算方式。他仔细算了算，按照首印 1 万册算，自己出资的这 5 万元其实也就刚刚够印刷费，而且社里只需要这本书的实体店发行权，所售图书还会给张扬版税。至于张扬自己线上所销售图书，社里不参与利润分成，出版社已经给出了最大诚意。张扬对自己的这本小说还是有数的，如果可以出版，销量怎么都是几万册以上，是值得投入的。不过他现在没有钱，所以相对于完稿，更难的还是资金怎么来。

张扬很聪明，他想到了众筹和预售，可以提前向读者售书，回笼资金。张扬本想提前进入这一步，但是编辑告诉他，图书出版的流程怎么也得五个月，所以当务之急是把稿子敲定，然后在出版过程之中，再去做预售和众筹。编辑还推荐了摩点等众筹平台。

张扬受到鼓励，便在出租房里窝着，没日没夜地写稿改稿，整整 40 多天，没有走出家门。图书的初稿诞生了，张扬给书稿起名为“别输了年轻的心”，这正好印证了他近几年的经历和心态。

书稿定稿之后，张扬就把书稿交给了编辑。此时的他由于还给亲戚和朋友不少欠款，大家自然也重新对他有了信任，5 万元自然不难借。张扬想了想，还是不跟亲戚借钱了，他想到了茵子。

“茵子，给我 5 万块钱，算你入股。”张扬把茵子约了出来，给她介绍了图书出版的事情。他仔细算了一笔经济账，按照 1 万册全部售完，俩人四六分成，茵子能分到将近 30 万元。茵子自然是动心的，她愿意把钱借给张扬，条件是她要参与整本书的预售过程。张扬正好缺人手，他巴不得茵子参与呢，能帮他解决不少问题。

于是，在 5 万元到账后，张扬跟出版社签订了出版合同，交了书稿，支付了款项。出版的事情，张扬便不再过问了，而是一心一意和茵子扑在图书的预售和众筹上。

张扬梳理了一下，自己拥有的平台只有三个，一个是贴吧，一个是自己的公众号，一个是自己的微信社群。贴吧上的读者不太好维护，张扬干脆在贴吧里留下了微信二维码，并且在贴吧、公众号以及微信群都发布了图书预售的消息。就这样，在几周内，通过贴吧和微信公众号添加张扬好友的网友有2000多人。他们都看过张扬连载的文章，得知张扬要出版图书后，都表示支持。到了7月，张扬陆陆续续预售了3000多册图书，定价72元，包邮。张扬算了算，扣除运费、茵子的分成以及茵子的5万元投资款，自己还能挣到六七万元。他觉得这样远远不够，他必须想办法增加图书的销量。

因为和云南报业的关系很好，以前有过非常好的合作，张扬自己也是做营销策划的，他便自己写了一篇软文，讲述了自己浮沉的经历，在10家新闻媒体上发表刊登。

“张扬，一个误入歧途而败光千万家产的纨绔子弟。一年以来，他葬送了自己所有的人脉，葬送了亲情和友情，换来的是巨大的负债和悔恨的泪水。面对冰冷的电脑屏幕，他卧家40天，大门一步未出，写下了字字带血的10万字忏悔小说——《别输了年轻的心》。据本报记者了解到，张扬最早只是想在网络上记录自己的故事，但由于关注量持续增加，粉丝人数不断上涨，加上有出版社的支持，最终决定出版这本书。本书最快将在今年8月和大家见面。”

就这样，有了媒体的宣传加持，《别输了年轻的心》在一个月内由3000册增加到了7000册。尤其是张扬的朋友购买的很多，有成百册购买的，图书单笔订货款就过万了。张扬很开心，这么一算，已经有 50 万元进账了。

张扬把所有买书的读者添加到一个新群里，起名为“张扬书友会”，意为以书会友。张扬每天跟大家在群里分享自己的故事，也让大家分享各自的故事，其乐融融，活跃度非常高。每过一段时间，还要在群里跟大家汇报一下图书出版的进度。

在群里大家相处得很好，张扬决定组织个线下聚会，让大家加深认识，顺带还可以资源共享，有所合作。因为举办地点在曲靖，购书的读者则是天南海北都有，所以最后实际上确定参加的有 120 多人。

线下见面会由张扬主办，由茵子进行具体实施。自图书计划开始后，茵子便成了张扬的得力助手，图书出版一事，也是由茵子负责资金流通、快递地址登记以及后期分发等事务。这次茵子负责聚会节目的策划，大家也都踊跃报名，最后确定了 20 多个歌唱和合唱节目。张扬在五星酒店定了 12 桌，大家吃得好、玩得好，见面会获得了成功。张扬总共花费了三万多元，这对于他来说是值得的，毕竟属于回馈读者，也算拉近了自己和读者的距离。

张扬此刻觉得图书这件事是可行的，于是他想继续做大。但是，按照现在的情况来看，他自己的辐射圈子只有这么大了，不可能再往更大的地方拓展，于是，他有了一个新的营销点子。他联系了贴吧吧主，进行免费赠书活动，每本书只收15元运费。这个活动他也在自己微信里进行了，当然，这个活动是有附加条件的，否则其他原价购书的读者肯定会有意见。张扬的条件是要向三个朋友宣传推广这本书，并且添加张扬微信，这样就可以获得一次免费赠书。这种方式一推出，张扬就又送出去1000多本书，添加了上千名好友。他算了一下，运费他已经谈到了最低折扣4元，这样一来，即便是送书，他还能有一万多的收益，此外还有了免费的推广和传播，还成功收获更多读者，当时的张扬并不懂这就是微商们常说的“裂变营销”。2016年那会儿，微商的竞争还没有这么激烈，当时的张扬如果就此学会微商的运作方式，并且和实体挂钩，估计就在微商上做大做强了。

图书的预售让张扬看到了希望，一方面获取了名声，另一方面得到了利润。虽然看不到未来的方向，但是他想了想，不如就把自己的传媒公司恢复，一心一意推广自己的图书，不仅在当地推广，还要在全国推广。张扬看到了希望，“百万册超级畅销书作家”的光环仿佛就在不远处朝他招手。

然而，现实又给了他沉痛一击。

到了8月，小说并没有按照原定计划出版，编辑的意思是让张扬等一等，按照编辑的口风，书应该不会很快出来。张扬能等，但是读者们等不了，本来就已经等了四五个月了，现在这样，感觉有点遥遥无期，谁也不会有这种耐心的。而且张扬对标的是上万人，只要有人对张扬产生怀疑，这种怀疑就会在人群中引爆。

果然，到了 10 月，超期快两个月的时候，群里终于有人坐不住了，开始质问张扬图书在哪里。张扬一开始还能好好解释，把跟编辑的聊天记录截图发给大家，但是到了后面，一开始是每天有人问，后来是时时有人问，张扬每天光应对提问就已经焦头烂额。有人甚至在群里说张扬是骗子，一石激起千层浪，很多人都开始说张扬是骗子，要求退钱。毕竟都是网友，他们跟张扬本来就没有互信的基础，光靠网上写点文章就能完全获得别人的信任？这也太玄幻了！张扬后面已经无力回应了，这更是加深了大家对他的猜忌。

张扬原本想着图书只要一出版，一收到书就没问题，没想到编辑却告诉了张扬一个更坏的消息。原来，国家政策要收紧图书出版，对选题策划十分严格，要求每个出版社都必须制作精良的图书。像张扬这种书，卖相上暂时还达不到社里的要求，如果必须要出的话，社里需要好好策划包装，周期怎么也得一年，所以出版计划可能要作废了。

张扬听到这个消息，仿佛五雷轰顶，他真的成了一个骗子。

图书预售的款项大概有 80 万元，他举办各种线下活动，这么长时间以来的各种运营推广，他已经花掉了 20 万元。也就是说，六个月的时间，他不仅全部心血毁于一旦，还要退掉 80 万元的款项，自己还要往里面搭进去 20 万元。张扬求编辑想想办法，但是编辑也无能为力，交上去的出版款项也只能退回 4.5 万元，还有 5000 元是编辑校对费。

张扬不知道怎么跟读者们交代，群里依旧每天吵吵闹闹，每天都有人对张扬表示质疑。张扬本想拿事实说话，自己却被现实打脸，他觉得拖下去也不是办法，就在群里跟大家说明情况，果然招致了大家的不满。张扬最后说了一句：“谢谢大家的支持，钱会陆续退给大家。”

张扬的书没有出版成功，这个消息在群里一下子炸了锅，之前说张扬是骗子的人更是洋洋得意，之前信任张扬替他辩解的人则都感到失望无比。总之，所有人都在发泄不好的情绪。张扬干脆把群给解散了，把退款事项写在了朋友圈第一条。

茵子也很沮丧，好不容易看到一点未来的希望，就这样又一下子熄灭了。

“这么多提前订书的，上万笔订单，就算依次核实退掉，怎么也要两个多月时间呢。”

“嗯，辛苦你了。”

“钱应该不够吧，怎么办？”

“优先退微信里的。贴吧上的很多人直接联系不到我们，目前还不会催，钱最后再给，我想办法找点钱。”

“实在不行，我借给你吧。”茵子说道。

张扬没有说话。

张扬本以为西藏之行后，自己得到了净化，没有想到，遇到这种事情，心态还是崩溃了，为什么现实总是这么无情地把自己击溃在地，上天为什么非要这么折磨他。

张扬的 2016 年，全年几乎就在图书这件事上耗过去了，但是并没有一个好的结局。他们陆续给读者退款，因为订单多的原因，一直退到了 2017 年。张扬最后还是跟茵子借了 5 万元，茵子也没有更多的钱了，还有 10 万元的窟窿，张扬是找姐夫补上的。

姐夫也很无奈，“你怎么老是好一阵坏一阵的？”

“我也不想啊，命苦。”

姐夫没有过多埋怨张扬，他现在是愿意借钱给张扬的，毕竟这小子现在确实在踏踏实实做事，总算回到正道上了。他相信，张扬早晚会上岸。

3. 我是演说家

直到 2017 年 4 月，张扬终于退完最后一笔书款，他盘点了一下自己的实际情况。

资金方面，家里只剩下几万元的现款以及 300 多万元的债务，车子和房子全没了。自己的资源方面，有几万粉丝的公众号，一两万粉丝的微信号，以及 43 万粉丝的微博账号。图书一事的挫败，让他觉得掌握这种资源也没有什么用，他有些心灰意冷了。既然试了很多东西都没用，他下定决心，干脆破釜沉舟，背水一战，去澳门打工。澳门遍地黄金，就算是做服务行业，也是可以挣钱的。

就在准备出发澳门的前一天，张扬突然接到了一个陌生电话。

“你好，是张扬吗？我是《我是演说家》节目组……”

原来，节目组打电话是让张扬去参加节目的海选。张扬这才想起来，春节期间，自己曾在《我是演说家》的网站上报过名。

参赛地点在重庆，张扬想了想，去看看也好，参加比赛万一火了呢，也是一条出路。

当天晚上，张扬就从昆明坐飞机抵达了重庆。第二天一早，他特意买了一件高仿的巴宝莉衬衣，红色的，还做了一个一次性发型，争取打造出一个好形象。

十点钟左右，他到达了海选现场。张扬心里有一种莫名的紧张感，他以前可是做过主持人的，几百几千人的活动都可以驾驭。他也不知道自己为什么会那么紧张，可能长时间的失败和挫折加剧了内心的恐慌。加上因为是海选，如果演说不好，有可能说三句话就被喊停，他害怕自己只能讲三句。

《我是演说家》的舞台搭建还是很精致的，优酷进行现场直播。张扬被分到了第十五个上场，台下坐着几名不认识的评委，但好像都还有些名气，比如刘媛媛。

前面十几个人都讲得还不错，张扬在后台听着，越听越紧张，甚至想着随时开溜。当工作人员把话筒递给张扬的那一刻，他的心跳再度加速，在进行了一阵心理建设后，他走向了舞台中央，带着三本书，这几本书是出版社当时做的样书。

他先礼貌地鞠了个躬，“评委老师好，我叫张扬，我演讲的主题是‘别输了年轻的心’。”

“开始吧。”刘媛媛说。

“2005 年，我独自乘坐火车来到云南上学，那一年我只有十七岁。大学没有毕业的时候，我就已经开始了创业。就在前两年，我自己的公司还做到了年销售 1000 万元的业绩。在同龄人看来，那时候我是成功的，然而这一切的改变是因为我闯进了另外一个江湖，在这个江湖里，我的命运被彻底改写了，是的，这个江湖叫作澳门。近半年的时间，澳门将我吞噬得干干净净，众叛亲离，一无所有。有一段时间，我冷静在家，四十天没有出门，创作出了这本书——《别输了年轻的心》。”张扬说着，拿起了书，“我今年 28 岁，是的，还年轻，但是我想告诉大家的是，一定要以我为戒，要有野心，有事业心，有责任心，但千万不要贪心，最后是要有感恩的心，希望大家永远都有年轻的心。谢谢大家！”张扬感觉自己的演讲效果并不是很好，但还是获得了观众的掌声。因为来得比较仓促，所以张扬并没有对演讲做任何准备，有这种效果就算可以了。演讲完毕后，他给每位评委送上了一本样书留作纪念。

这次海选，张扬自然是没有通过，他反思了一下，可能是负能量太足，而且不具备大众娱乐性，电视节目考虑更多的是娱乐效应。不过，这对于他来说也是一次历练，是一次不同寻常的经历。

参加完比赛后，张扬就在重庆玩了玩，去洪崖洞、磁器口逛了逛，最主要的是吃了一顿火锅，来重庆不吃火锅，那岂不是白来了。吃饱喝足之后，他得思考生计问题了。

4. 澳门打工仔

茵子还没有去过澳门，张扬想着 2016 年茵子跟在自己后面受了不少罪，便邀请茵子跟随他到澳门一起放松一下。茵子自然是同意的，两个人约定好后，张扬便从重庆直飞珠海，茵子则从昆明直飞珠海，一起在珠海碰头。

五月初的珠海，天气很凉爽，张扬和茵子徒步走到拱北，在情侣南路散了一会儿步。蔚蓝色的天空下，俩人面朝大海，望向正在建设的港珠澳大桥，张扬心中突然豁达了许多，他总感觉这里会有全新的未来。他把手举起来，做出一个紧握拳头的姿势，面向澳门，大喊道："澳门，你给我等着，我要涅槃重生！"旁边的游人听到张扬的叫声，投来了诧异的目光。现在的张扬，已经可以完全放下面子，丝毫不在意别人的目光了。

张扬选择乘坐发财车直达老澳门区域，因为澳门本岛的房间便宜不少，张扬便将酒店定在了本岛的假日酒店，俩人办理好入住手续后，张扬决定带茵子到处逛逛，感受一下澳门的魅力。

澳门本岛，人山人海，街道狭窄，霓虹闪烁，一到夜间，繁体字的霓虹招牌更显出独特的魅力。这里，真正体现出了伟大的中国文化和葡萄牙文化的碰撞。澳门几乎所有的经典景区都在澳门本岛上，有年代感的教堂、大三巴、古老的炮台、可以蹦极的澳门塔，外加具有悠久历史的莲花广场，都让澳门本岛成了游客的首站目的地。张扬这才发现，自己来过澳门几次，竟然没来过这些景点，实在可笑。

在本岛吃过晚餐后，张扬带茵子去了威尼斯人，游客特别多，他们到达的时候刚好是高峰期。

很多游客会在威尼斯人的长廊和威尼斯壁画、油彩浮雕、英伦建筑旁边合影。很多人拿着自拍杆反复摆拍，由于十分拥挤，他们俩路过的时候，不小心挡住了好几个人自拍。

随后，张扬带茵子去了凯旋门。凯旋门其实离他们住的酒店特别近，张扬当时不太熟悉地形，其实走过去最多也就五六分钟，他还是喊了出租车。澳门，地方真不大，但是如果对澳门不了解的话，就会觉得地形复杂，所以澳门才有伴游、导游这一系列的职业。

凯旋门位于星际酒店旁，对面是万利酒店。万利酒店又称为“血红色的永利澳门”，在澳门本岛极具奢华，并且排行第一。美高梅位于万利酒店旁，美高梅可是极具辨识度的，站在凯旋门浮雕的门前向美高梅望去，特别显眼。

茵子没有见过这种场面，自然很是兴奋，但是她不知道张扬其实是来找工作的。张扬认识的一个朋友就在万利酒店，张扬想看看朋友有没有工作带着他干。

“哟，张扬。”张扬发完微信直到半小时后，小陈才从酒店里走出来，他递给张扬一支蓝色的“钓鱼台”，表情十分傲慢。

“陈哥。”张扬打量了一下陈哥，个子很高，操着一口纯正的东北口音，上身穿着一件范思哲经典款T恤，脚下是一双LV的鞋子，看上去十分奢华。张扬感到有些自卑，因为他已经三个月没买过衣服了，身上穿着两件利郎的衣服，还把衬衣压进裤腰里，实在是土到掉渣。

“陈哥，有什么好的工作能推荐吗？”

“这个，我很忙，晚点再说吧。”说着，他招呼也不打，就走回了酒店。

张扬也不好离开，就和茵子一直在酒店门外等了一个多小时。张扬终于开始生气了，他也不需要小陈招待，但是直接把人晾在一边实在太过分了。他发了一条信息给陈哥：“陈哥，你什么时候下来？”

“能等就等，不能等，滚蛋。”这是陈哥回复的语音。

茵子的反应比张扬的反应还要大，她直接拽走了张扬：“走！”

这时候的张扬像是清洁工去到某个富豪家中做保洁，人家说不需要了，原因是害怕清洁工弄脏他们家的地板，这种侮辱对于张扬来说，简直到了极致。

两个人回到了酒店，泳池还在开放，茵子说：“我想游泳。”茵子去泳池外买了套泳衣，还给张扬买了条泳裤。晚上，在泳池游玩的人很少，只有一对巴基斯坦夫妇带着孩子在玩耍。

张扬纵身一跃，挥臂分手前进，在水中前后左右翻滚，然后沉到水底。

世界静谧下来。

茵子不会游泳，她缓缓地进入了浅水区，坐在里面泡着。

夜幕下的泳池显得更加安静，他们像是找不到方向的野鸽，更像是丧家之犬，失魂落魄地泡在水里。

七天的签证有效期很快就到了，他们必须离开澳门，只好收拾行李，重新回到珠海。张扬知道，从境外坐飞机去澳门，可以重新签证。他不死心，不想这样悻悻而回，他打算飞到最近的泰国曼谷，再从曼谷飞回到澳门，这样就可以在澳门继续找工作。

“我没钱了，我想回去了。”茵子委屈地说。

张扬没有办法强留茵子，只好说：“那你先回吧，我还是想在澳门做点事情，赚到钱就把你的 10 万元还给你。”

5. 粉丝顾客

张扬订了第二天广州飞曼谷的机票。当晚，茵子回云南，张扬则从珠海乘坐高铁去广州。到达广州后，张扬在机场附近花 60 元找了一个旅馆休息，路边都是烧烤摊，他点了一瓶老青岛啤酒和一碗炒河粉，吃起了路边摊，此时的他也就只能吃得起这个了。

飞机是第二天早上七点的，这个时候的票价最便宜。曼谷是落地签，张扬提前兑换了 1000 泰铢，这正好是落地签的费用。七点十分，张扬开始登机，由于起得比较早，所以张扬登机后就有点犯困，迷迷糊糊地睡着了，直到一个女人把他叫醒。

“你好，里面是我的位置。”张扬睁开眼，面前的女人戴着一顶鸭舌帽和墨镜，皮肤雪白，身高 165cm 左右，一身运动装扮，背着一个 MCM 的双肩背包，她正在把背包放进机舱的行李架上，然后取下墨镜。张扬发现，她是妥妥的一个大美女，成熟中带有一些时尚，而且还充满了运动感。“里面是我的位置。”看到张扬发呆，她又重复了一遍。张扬如梦初醒，赶紧挪了挪，让她进去。

“美女，你去曼谷啊？”身边坐着一个大美女，张扬主动打起了招呼。

“我不去曼谷我坐这干吗？”这个回答，把天聊死了。

“你一个人去？”张扬没有放弃，继续问。

“你没长眼睛？”说完，女人戴起墨镜，准备睡觉。

张扬自讨没趣，只好不做声了。

飞机以每小时几百千米的速度平稳飞行，张扬倚靠在座位上，一会儿又睡着了。等他醒来时，空姐正好在发食品，给美女递水的时候，张扬眼疾手快，帮忙拿了水，给隔壁的美女传了过去。

“谢谢。”美女摘下了墨镜。因为张扬帮了自己忙，美女自然也不好太冷漠，她主动跟张扬说话，“你是去旅游吗？”

“哦，不是的，我是去转机，下午从曼谷坐飞机回澳门。”

“是吗，你在澳门做什么呢？我也是晚上去澳门。”

“哈哈，找工作。”

“那你对澳门了解吗？”

“我是相当了解啊！”

张扬没有想到自己的澳门经验还有这么大的用场，于是，他把澳门的旅游、景点、酒店等各种事物都介绍给了她，听得她一愣一愣的。就这样，俩人加了微信，女人让张扬叫她“桃子”。

当地时间 9 点 20 分，两个人在曼谷廊曼机场分别。

张扬在入境关卡填写入境卡，然后排队缴费，边检人员在护照上盖下了重重的章，张扬顺利地走出了廊曼机场，他大喊一声："萨瓦迪卡！"

这是张扬第一次来泰国，热得差点喘不过气来，热浪里夹杂着厚重的湿气。回澳门的飞机是下午五点多，还有好几小时。他决定去曼谷的街头转一转。

四月中旬的曼谷太热了，这里常年高温，他坐上一辆出租车，示意司机打表。

"Where are you going？"司机问。

"City center。"张扬要表达的是市中心的意思，他不知道这样说对不对，也不知道司机听没听懂，反正司机发动了出租车。

从廊曼机场出发，可以一览曼谷街边的景象，电线杆横七竖八地竖在道路两旁，郊区感觉距离现代文明还很遥远的样子。不过越往城里走，越有大都市的感觉。到了市中心后，高楼大厦把曼谷装扮成了亚洲的大都会，曼谷国际化程度高，并不落后。张扬在市中心的一家泰国餐厅停了下来，吃了顿中午饭。他的英文可以应付基本的出行，毕竟都走出国门了，不能交流可不行。

张扬漫无目的地在曼谷市中心转悠，站在城市的最中央，一个奔三的中国男人，满身负债，心力憔悴，看着陌生的异国他乡，他突然感觉有些无助和失落，竟然哭了起来。哭就哭吧，反正也没有人认识他。

这时候，一个身穿警服的黑黝黝的男人过来问他："Sir, can I help you?"

"No，thanks。"张扬回答他，然后赶紧拦下一辆出租车，飞奔去机场，心想别在这给中国人丢脸了。

下午五点，张扬坐上了去澳门的飞机，下飞机后，他抢在了最先过澳门关的位置，因为他没有行李，所以跑得很快，第一个从澳门关进入，小票上显示他在澳门可以逗留七天。

此时的张扬已经身无分文了，他连酒店都订不起了，只能躺在公园里的椅子上过夜，牙也不刷，脸也不洗。

"勇哥，澳门有什么活儿能做吗？"张扬发消息给了勇哥。

勇哥听到张扬不是来澳门玩，而是找工作，惊讶得下巴都快要掉下来了。

"我这里倒是没有活儿做，不过，你可以去当伴游。"

张扬听到这句话，赶紧从椅子上坐了起来，对啊，他怎么没有想到。他回想起来，桃子说自己来澳门玩，那可以做她的伴游啊，他赶紧给桃子发微信。

“来澳门了吗？”

“来了。”桃子秒回信息。

“需要人伴游吗？”张扬忐忑地发出消息。

谁知道桃子回了一个笑脸的表情，她跟张扬回复道：“张扬，其实我在澳门很多年了，我是在澳门做酒店的，你要是需要订酒店，可以找我，有优惠。”

张扬一下子哭笑不得，在飞机上给桃子讲了那么多，没想到是班门弄斧，自己就跟个小丑一样。

不过，伴游确实是好思路，张扬知道，《别输了年轻的心》虽然没有出版成功，但是他的故事还是吸引了不少人来澳门的，他偶尔刷朋友圈就能刷到有人来澳门玩。于是，他干脆在朋友圈发了条状态：谁在澳门？专业伴游。并且配了自己的照片，还加了威尼斯人的地址定位。张扬没有想到，这招真的有用。

首先联系张扬的是小雅，她直接给张扬发来微信：“张扬，我也在澳门。”

“太好了，你在哪里？”

“我在金沙城。”

“那你在那里等我。”此时的张扬，连出租车都打不起了，他步行了半小时才找到了小雅。他们以前没有见过面，张扬并不认识她，倒是小雅朝他挥手。

“小雅？”张扬问道。

“是的。”俩人友好地握了握手。

小雅是湖北武汉人，在深圳做财务工作，长相秀气，她是张扬的第一个客户。

“伴游怎么收费？”小雅这句话问得张扬有点懵，张扬也不知道怎么定价，支支吾吾地回不上话。小雅感觉有些奇怪，“500一天吧，行不行？”

张扬点了点头。

就这样，张扬带着小雅逛了一天澳门的各个景点，还有娱乐场所和奢侈品店。小雅玩得很开心，俩人分别的时候是在新濠影汇。小雅喊了一辆出租车，随后给了张扬 500 元钱，最后挥手告别。

500 元钱，张扬紧紧地攥在手里，他在路边买了一份 35 元的盒饭，吃得特别香。

张扬边吃饭边看手机，微信上有很多条评论，其中一条是 King 哥的。King 哥是在张扬的公众号里加的好友，比较有经济实力，住在喜来登酒店的顶楼套房。King 哥和女朋友来澳门旅游，他相约张扬第二天伴游，King 哥自己直接说了价格，一天 5000 元，并且直接就用微信把全款转给了张扬，出手真是阔绰。俩人相约第二天一早在新葡京酒店餐厅碰头吃早茶，张扬十分开心，晚上终于不用睡公园了。他找了一间 60 元钱的公寓，还特地去 Zara 买了一身 500 多元的衣服，身上的衣服实在不能见人了。

第二天一早，张扬就去新葡京见 King 哥，一起吃早茶。King 哥是云南红河人，家族企业做得非常大，三十五六岁的年纪，却满头白发，应该属于遗传，很有辨识度，张扬一见面就认了出来。King 哥的女朋友也一起吃早茶，张扬跟他们俩问好。

“来，兄弟，坐，不用客套。”他把张扬安排在了主宾的位置，张扬很久没有受过这样的待遇，心里有种说不出来的心酸。King 哥点了一桌子菜肴，张扬真的觉得受宠若惊，而且一大早就有海鲜，很大的龙虾，还有阿拉斯加帝王蟹。张扬感觉自己十分没出息，赶紧拍照拿手机发了一条朋友圈，确实，这是他到澳门以后吃得最好的一顿饭了。这一顿饭，1.5 万元，张扬惊得目瞪口呆，看来自己伴游的价格还不算高，不过能跟在后面吃吃喝喝，填饱肚子，也挺好。

张扬这一天包了个车，成了专职司机和摄影师，带着 King 哥和他女朋友到处玩。蹭过一顿晚饭后，他跟 King 哥告别了，相约下次再见。

张扬接待的第三个客户是涛哥。涛哥发消息给张扬的时候没来澳门，人还在去珠海的高铁上。他第二天会进澳门，所以提前跟张扬约伴游服务。

到了第二天，他们约在威尼斯人南边的一家海鲜餐厅吃午饭。涛哥和 King 哥一样热情，点了满满一桌子的菜，他似乎也看出了张扬的不顺利。几千元的菜肴，也让张扬对涛哥的敬仰油然而生，毕竟，人家是真的尊重自己。

“涛哥，想去哪里玩？”

“不用去哪里，聊聊天就行。”

张扬对这个答案表示很诧异，涛哥笑了笑：“没关系，钱照付的，一天 2000 可以吧。”

“啊，那我能为你做什么？”张扬十分不解。

“其实，我以前也是个文学青年，被你的故事吸引住了，正好有机会，所以就想见面聊一聊，顺带支持支持你的工作。”

“真是一个脱离了低级趣味的让人崇敬的人啊！”张扬感叹。

涛哥要给张扬伴游费，张扬拒绝，但是涛哥最后还是把钱硬塞给了张扬，还送给张扬一身 CK 的新衣服。张扬感动得热泪盈眶，他不知道自己何德何能让别人这么对待自己。

6. 茵子血斗歹徒

不知不觉间，七天的有效期又要到了。

澳门特别行政区的新规定是，首次逗留逾期不超过 30 天的话，每天要按照 500 元澳门币的标准执行罚款，一年内做出相同违法行为者，不得以缴款方式促使逾期逗留合规，也就是说每年只有一次逾期逗留并且补缴罚款的机会，否则逾期逗留者被视为非法移民，严重者会被驱逐出境，禁令期间不许进入澳门。张扬觉得还是先留在澳门，罚款就罚款吧，总要找点机会。不过，债务并不会等他，信用卡和各种网贷依旧如山洪海啸一般涌来，婷婷每天都背负着巨大的压力。张扬已经开始后悔给朋友和亲戚们还钱了，他当时应该把卖房的钱先还网贷和信用卡，最后再还亲戚和朋友的，毕竟亲戚和朋友还能有商有量，也不会三天两头来催账，但是跟借贷平台说什么也不管用。张扬在澳门待了几天，已经快支付不起房费了，只能找勇哥帮忙。勇哥租了个房子，只有 40 平方米，里面睡了六个人，都是在澳门打工的。张扬只能在地上铺一张纸，打个地铺，挨过每个难熬的夜晚。最近伴游业务也不好开展，没有人找他了。

人在最惨的时候，运气也就会变好，毕竟，处于最低谷，往哪里走都是上坡，躺在地铺上的张扬收到了茵子发来的微信。

“在吗？”

“在。”

“告诉你一个好消息。”

听到这里，张扬腾地一下子从地上坐了起来。

“什么消息？”

“我有个叔叔愿意投资你的金融计划。”

张扬有点诧异，这个计划都搁浅很久了。

“多少钱？”

“30 万。”

“但是我现在不想做金融平台了。”

“你可以拿这个钱做启动资金，干点别的，反正能挣钱就行了。”

张扬想了想，如果下定决心做，其实伴游业务是可以的，不如开个伴游公司，组建一支团队，专门一对一提供私人伴游业务。想到这里，他的信心又起来了。

茵子约定两日后来澳门找他，她也得从曼谷转机直飞澳门，张扬承诺到时去机场接她。到了那一天，勇哥却突然约张扬吃夜宵喝酒，张扬很久没有喝酒了，便答应了勇哥的邀请。他私信给茵子，让她自己打车去假日酒店，问前台要房卡，他已经提前打好招呼了。

就这样，张扬和勇哥把酒言欢。茵子下飞机后，打车到了假日酒店，拿了房卡，上了楼。或许是因为包里的卡上有 30 万元，这让她看起来有些神色慌张，茵子不知道，她已经被一帮人给盯上了。

“你好，酒店服务。”茵子听到门铃声后，毫不犹豫地开门了。

这时，两个彪形大汉冲了进来，一把控制住茵子，随后把门关上。一个男人，说着粤语，拿着一把匕首，拽着茵子往卫生间里走。

“来人啊，救命啊！”茵子歇斯底里。

同伙用凶神恶煞的表情警告茵子：“不要喊，再喊就要你小命！”

两个壮汉和一个手无缚鸡之力的弱女子，多么巨大的悬殊。

此时，夜幕中的澳门，霓虹闪烁，氹仔的夜色更是凸显澳门的多个世界之最。张扬不知道可怜的茵子正在遭受抢劫，他还半醉半醒地跟勇哥聊着天。

“我一定会做有钱人，鲁迅说过，在哪里跌倒就在哪里爬起来。”他对阿勇说。

“这话是鲁迅说的吗？”阿勇嘿嘿一笑。

此时，酒店的房间里，一个歹徒拿刀指着茵子，另外一个则在翻茵子的箱子和钱包。他拿走了茵子钱包里的几千元现金，然后抽出银行卡。

“密码多少？”

茵子没有告诉歹徒，因为卡里的30万元，是重新翻身的筹码，她盘算着如何逃出生天。就在卫生间里，茵子不知道从哪里来的力气，一手抓起马桶盖，砸向拿着匕首的广东人。人一旦到了最危险的处境，往往都能爆发出巨大的能量，这种能量能够突破个人能力的极限。歹徒根本没有想到茵子会反抗，匕首被砸到了地上，而这时候的茵子像是一只呵护自己孩子的母狼，拼尽全力去捍卫自己的生命和财产，她要从同伙手里夺回银行卡。

“靠！”同伙大骂一声，拿起卫生间的烟灰缸，砸向茵子。茵子机智地躲过了烟灰缸，烟灰缸砸碎了玻璃，声音非常刺耳。歹徒捡起地上的匕首，往茵子的腿部扎去，一时间，血流如注。看到自己伤人了，同伙推开房门，以百米冲刺的速度，逃离了现场，而茵子则死死地抓住了这个广东男人，任凭他怎么摆脱，也绝不松手。

菲律宾女服务员听到动静，赶紧通过对讲机喊道：“呼叫呼叫，八楼有血案。”

就这样，歹徒硬是拖着茵子走到了走廊里，地上都是血迹，空气中是歹徒的吼叫和茵子的呼喊。五分钟后，六名保安迅速出现，控制住了歹徒。

保安安抚茵子：“别怕。”

几分钟后，司警来了，他们用手铐铐住歹徒，并且呼叫救护车把茵子送到了澳门的医院。房间则进行了封锁，贴上了封禁的条码。警方用照相机拍摄了整个案发现场，每个细节都不放过。毕竟，这是持刀抢劫伤人案，在治安环境如此好的澳门，算是大案件了。澳门的环境特别好，别说抢劫杀人了，就算在赌场里面随便推一个人，司法都可以让他五年以内禁止踏上澳门的土地。

张扬接到茵子的电话，赶来医院，狠狠地给了自己一个耳光。幸好，茵子的伤势不太严重。医院对她的手脚进行包扎以后，茵子便出现在了澳门治安警察局四楼的抢劫罪案调查第四科。

歹徒被关进了一个玻璃房审讯室，上面全是摄像头。司警让他如实交代事情的经过，在人证、物证面前，他坦白了罪行。

“就是看她一个小姑娘，感觉有点钱，就临时起意了。”歹徒耷拉着脑袋。

张扬不能随同茵子进司法局，因为自己现在已经逾期了，登记个人信息的话就得罚款并且强制出关了。

茵子详细描述了自己遭受抢劫的过程，做好笔录后，司警便通知她回去等待通知，而银行卡因为是证物，也要一起被扣，上面的资金暂时要被冻结，具体退还和解冻时间，另行通知。

抢劫的两个人最终也得到了法律的制裁，另一个同伙在潜逃两个月之后在一次拱北进关过程中被逮捕。

第三天，茵子回去了，离开了这个让她伤心的澳门，澳门没有给她带来任何希望，还把她弄得遍体鳞伤。她还要回去跟叔叔好好解释 30 万元的情况。

澳门，又剩下张扬一个人在流浪了。

黑沙滩是全球十大著名沙滩之一，它的沙子是黑色的，五月下旬的黑沙滩散发出诱人的魅力，如水彩画一般。张扬跑到沙滩上，走进海里，海水渐渐淹没了自己。而当他整个人淹没在水里之后，他的四周反而变得死寂，一扇新的大门却重新在他面前打开了。

他又有了一个非常好的想法。

7. 深藏不露的桃子

晚上，躺在地铺上的张扬刷到了桃子朋友圈的更新，显示在澳门。前段时间，他曾联系过桃子，当时她回老家了，现在应该是回来了。张扬一直觉得，桃子极其不简单，所以他想把自己的想法跟桃子说说，看看能不能得到一些建议。

“桃姐，你看你这两天有时间吗，我想和你沟通一个我的想法。”

张扬把称呼改成了姐，强烈的预感告诉他，桃子可能会帮他。

“我简单介绍一下，目前我微信和公众号总共有几万好友，很多都十分有财力，我一开始想专门做一个伴游公司。”张扬对桃子说。

“伴游是不错，但我觉得不太现实。”

“是的，我考虑过了，毕竟澳门入境是有限制的，每次签注后得两个月后才能重新入境，所以伴游不可能每两个月才开一次张，这个肯定是行不通的。”

“那你是什么想法？”

“我的想法是，既然手中有人脉资源，我不如进行一下整合，看看他们分别是什么行业和职务，给他们建立一个平台，让他们进行资源共享……”张扬认真地阐述了一个多小时，把这件事讲得明明白白。桃子听完，没说不行，也没说行，就这么不了了之。

在阿勇那里混了最后一晚后，张扬在非法滞留的第十七天的下午，终于鼓起勇气，向桃姐发微信借钱了：“桃姐，我那天跟你说的所有话都是认真的，我有做好这件事的信心和决心，我以前也把自己的公司经营得很体面，那时候近四十名员工我都能管理下来。我准备重新开始，只是缺个机会。现在我逾期了，算上今天是 17 天，我没有钱交罚款，我必须交够 8500 元港币才能合法地走出澳门，希望你能帮帮我。”他反复读了好几遍，在确定了没有错别字和语句通顺后，按下了发送键。

“好，你去我在太阳城的账户取 9000 元港币。”

张扬感叹，桃姐真是女中豪杰，没有经过任何思考，竟然这么爽快就答应了。张扬原本已经做好了被无情拒绝的打算。

张扬乘坐在金沙城免费通往关闸的巴士上，道路旁澳门街边的风景像是祭奠这些日子以来的痛苦。出关的时候，他尝试着走正常通道，澳门边检人员把护照放在激光仪器上一扫，严肃地跟张扬说道：“走那边！”工作人员把张扬带到了澳门边检的一间小房子里，里面有三四个人在排队。

这时候，张扬可以做两种选择，一种是缴罚款以后直接出关，还有一种就是不缴费出关，那么面临的处罚就是一年内不得入境。排在张扬前面的女人逾期了六天，她没有缴纳罚款，嘴里一直在嘟囔：“交了干什么，以后再也不来了。”张扬选择了缴费，这是他对自己的承诺，也是对桃子的表态，他要在澳门做最后一次努力。

张扬到达拱北之后想了想，重新创业，缺少得力帮手。他想把茵子叫回来，一起合伙干，他给茵子发去了信息。

“我就在珠海呢。”

没想到茵子并没有回老家，而是一直在拱北待着。她并没有告诉张扬，主要是害怕自己成为张扬的负担，毕竟张扬都已经自顾不暇了。

“我欠了几天房费了，你能来帮我交吗？”茵子的语音里满是苦楚。

“定位发给我。”

张扬按照定位，打车到了民宿客栈，了解后才知道，她已经欠了 400 元。

“正好，你来了，把房费续了吧，我们这也是小本生意，你们在澳门赚大钱，几百块房费这么费事！”老板用很不友好的口气说道。

“都住了这么久了，这点钱还会不给你吗？你什么态度！”张扬回击道。

“那别废话了，赶紧给啊。”老板冲着张扬来了。

张扬抓出身上仅有的一张500元的港币，丢在了茶几上。“拿去，茵子，我们走！”说这话的时候，他故意声音很大，好挽回一些颜面。

张扬告诉茵子，有个叫桃姐的女人帮了他，马上他就可以做事了。这时候的珠海，连民宿都容不下俩人，他们拖着沉重的行李箱，不知道要去哪里。

“桃姐，虽然我知道我再开口很不合适，但是我还是要开这个口，我只能订机票往曼谷再飞回澳门，而我现在身无分文。”

“查查机票多少钱，另外，这些事我来帮你搞定，到了以后你直接来我住的地方，吃住都在一起，这几天你好好研究研究怎么转化你的粉丝群体。”桃子这时候的回答，让张扬十分感动，但是他也察觉到了，桃子并不是看重张扬的项目，而是因为桃子自己在澳门有服务业经营。她其实并不在乎张扬的构想，她能知道的是，张扬的粉丝群体如果得到良好的转化的话，是可以给她带来不少收益的。

桃子给张扬微信上转了 3000 元，“你自己订票吧！”

张扬把茵子带到了隔壁的另外一家民宿，订了一个很小的房间。他跟老板讨价还价，一个半月，房租 2000 元。

“你先在这里住一个多月，可以自己找点活干。我去澳门把事情都安顿好，等你能重新签证了，你再进关。”

这天晚上，张扬跟茵子聊了很多，让她不要着急，自己很快就能翻身。夜色里的情侣南路，没有太多的车辆，他们俩站在十几楼的阳台上，叫来了最便宜的外卖，畅想着明日的美好。

张扬订了第三天深圳飞曼谷，隔天曼谷返回澳门的机票，这种组合最便宜，来回也就 1000 元左右。茵子继续留在珠海，静待张扬的通知。

曼谷时间和北京时间有一小时的时差，飞机降落在索万那普机场，排队办理落地签的人很多，所以耽误了很长时间。那时候的曼谷热得离谱，走进酒店房间，就像进了洗浴中心的汗蒸房。张扬冲完凉就睡觉，那时已经深夜了，他得在第二天八点钟出发，赶十点钟的由廊曼机场飞回澳门的飞机。这趟曼谷之行，不是旅游，而是在机械地完成进关任务，所以张扬也没有兴趣再出去玩了。

第二天中午一点，张扬终于成功回到澳门，桃子发给张扬一个位置：氹仔大潭山一号。

氹仔大潭山一号位处半山，共有 6 幢 856 个住宅单位，每幢顶层为复式单位，其中一座更是罕有的三层复式设计。整个豪宅项目依山而建，翠绿环抱，让业主沉醉于山间的鸟语和花香之中，享受尊贵的度假感觉。小区项目还特别设计有观光电梯，让璀璨华丽的金光大道景致尽收眼底，简直称得上豪宅中的豪宅。

张扬按照地址找到了桃子的家，他敲了敲门，开门的是莎莎，“你就是张扬吧，桃姐还没起床，你先进来坐会儿吧。”

张扬进屋一看，大客厅里金碧辉煌，十分奢华。

“我们总共有四个人，其余三个都在睡觉。”莎莎笑道。张扬知道，这是符合澳门的作息习惯的，因为大家基本上都是晚上上班。“你先去你房间吧。”莎莎给了张扬一把钥匙，然后带他去了左手边的一间屋子。屋里挺干净，里面放着两张高低床，可能很久没有人住了。其中一张床明显收拾过，莎莎说道：“你睡这一张床吧，给你收拾好了。”

张扬推开床边的窗户，澳门下起了暴雨。来到这里，他有种归宿感，好久没有家的感觉了。

屋子里除了桃子和莎莎，还有小一和小中，他们起床之后，都跟张扬相互介绍了自己。

小一和莎莎一样，都是河南人。他个头 175 cm 左右，脸上有些青春痘，来澳门跟桃姐后面快一年了。小中是沈阳人，帅气的东北小伙，人也比较开朗，是跟桃姐时间最短的一个。

桃子让大家称呼张扬为扬哥，因为年龄比他们“90 后”的都大。

张扬身上没什么钱了，说起来可笑，连购置新床单、被套的钱都没有，只能在小一的带领下去新华城买了牙膏、牙刷、拖鞋这些生活用品。那时候张扬才知道，澳门原来也有平价超市，以前自己看到的东西都是天价的，而这个超市里面，东西便宜许多，包括香烟。

小一带张扬熟悉大潭山一号，然后步行到附近几个娱乐场所逛逛，从小区到新濠天地最近，大约12分钟，而威尼斯人和金沙城，都连在一起。所以住在大潭山一号，去娱乐场所基本上是不用打车的，很方便。

“小一，这里房子多少钱一个月？”张扬问。

“算上物业费什么的，好像2.2万元吧，我们是四房，算是很高档的小区了，游泳池什么的都有，明天咱去游泳。”小一很热情。

租金就是天文数字，租一年够在四五线城市买一套房子了。

经过后来的相处，张扬才知道，称呼桃子为桃姐是没有错的，她17岁就来澳门打拼了。这些年，在澳门的沉淀让桃姐在珠海有四套房产，老家盖有别墅，能动用德晋贵宾会几百万的MAGA（信誉额度），而德晋的高层领导则是带她出道的大哥。

有了桃子姐的加持，张扬重新做起伴游业务就变得高端起来，而且桃子姐从豪车、豪宅到游艇，什么服务都可以解决。就这样，张扬的朋友来澳门游玩的旅游合同额最高到过20万元，基本上没有低于1万元的。张扬还特地制定了多种套餐，服务于不同的客户群体，并且在自己的微信、公众号和微博中大力宣传推广。就这样，在经历了 30 多天运作之后，张扬伴游的项目，给桃子姐带来了 100 多万元的营收，扣掉成本后，利润达到 30 余万元。

既然赚了钱，张扬便掌握了话语权，他希望桃子姐把茵子也招进公司。茵子是信得过的人，张扬信任，桃子姐自然也愿意相信。就这样，茵子从珠海进关，来公司做起了财务工作。几个人通力协作，把伴游板块做得风生水起。

8. 丢失的 30 万

8月初，六个人一起去官也街搞团建，官也街是澳门一条古老又具有特色的街道，以手信最为特色。

那时候的张扬对整个澳门氹仔街道的格局还不太熟悉，桃子带他们去的是一个西式风格的轻音乐酒吧，里面放着舒缓的布鲁斯音乐。他们一群人凌晨三点围在桌旁，分享各自的喜悦。

小一和小中酒量很好，一直约张扬喝酒：“扬哥，干杯！”

成就感在那时候一下子涌上了张扬的心头。

“张扬，接下来我们一定要好好加油，好好做下去，往后整个伴游项目都由你来指挥，大家全力配合。为了整个团队更好的明天，我们举杯！”桃子说话的时候颇具大姐风范。

张扬那一晚上喝多了，酒精在澳门的夜色中和街道里挥发，几个人坐在石板路的狭窄道上，像疯子一样高歌狂吼。

“我知道，我的未来不是梦……我认真地过每一分钟……”

茵子在酒精的作用下，也在夜色中露出了自信的笑容。

晚上回到自己的房间后，张扬发现收到了一笔 5 万元的款，这是桃子姐转来的提成。张扬开心坏了，他拿到钱后先给婷婷转去 3 万元还债。剩下的 2 万元给了茵子，她跟在张扬后面没少吃苦，到现在，她叔叔投资的 30 万元还在警察局那里扣着。除了父母，张扬一直觉得自己亏欠的就是她俩，婷婷听到张扬能赚钱了尤为高兴，备受煎熬的生活有了些盼头。而茵子，张扬答应她，不管怎么样，不管多久，欠她的都会加倍还给她。

然而，现实又给了张扬沉重一击。

项目进行到快两个月的时候，茵子突然不见了，公司的账目上还少了 30 万元的款，几个人都乱成了一锅粥。伴游项目的资金是茵子负责的，张扬怎么也不相信茵子会携款潜逃。他拨打电话，但是电话那边只有机器设置的那句“您所拨打的电话已关机”；发微信，发多少条也没有回。这坐实了茵子卷款的事实，大家一致用鄙视的眼光看向了张扬，张扬十分沮丧，不敢正视大家。

“张扬，这 30 万元从盈利里面扣出来吧，没关系，澳门这片土地上，什么人都有，也什么事都有可能发生，你不要太沮丧。”桃子安慰张扬，但是她并不知道，张扬和茵子是患难之交，茵子的背叛对于张扬来说是无情的打击。

“桃姐，请我喝两杯去，我心里难受！”张扬说道。

“走，大家一起去。”

他们五个人一起去了渔人码头的 DD3，这是一家生意很棒的迪斯科，蹦迪专场，一般晚上一点以后才有人，凌晨三四点那是人满为患，二楼有 KTV 包房，他们去了包房。

张扬演唱的开场曲是杨坤的《无所谓》，他模仿杨坤的唱法，惊艳了大伙儿，他们都说张扬演唱的是原版，是的，这是张扬以前做夜场时的拿手曲目。演唱过后，张扬把一瓶啤酒直接“吹”了，然后一个人瘫在沙发的角落。他拿出手机，给茵子编辑信息：“我想说，茵子，无所谓了，从这件事开始，我也不再对你有亏欠，愿你今后的人生走好，我不会去追究钱的下落，我会挣钱还给桃姐。”

茵子没有回复。

张扬不知道茵子去了哪里，但陪伴自己这么久的人，突然离开了，他的心变得空洞了。张扬只能一个劲地给自己灌酒，直到不省人事。

整个 2017 年，张扬一直在帮桃子姐好好做事，毛利润怎么着也有 60 万元以上，虽然他知道跟着桃子姐肯定前途光明，但是茵子这件事成了张扬心中的一个结。他遇人不淑，对桃子姐造成了困扰，他没法说服自己继续待下去。于是，在帮桃姐挣到利润后，张扬最终下定决心，告别澳门。他想在 2018 年，真正重启自己的事业。桃姐也很仗义，知道张扬要走，她一次性给张扬支付了 20 万元的工资，并随时欢迎他回来，其他三个小伙伴也对张扬表示了不舍。

“扬哥，只要你想回来，我们随时在这里欢迎你。”

9. 进军影视圈

2018 年年初，张扬回到了文山，看到了久违的婷婷和孩子，他的心里充满了歉意。自己的人生真是糟糕啊，这么些年的经历充满了颠簸和坎坷，他思来想去，脑海中突然迸发了拍电影的想法。他的经历这么离奇，这么曲折，拍成电影肯定很不错。

张扬知道自己的朋友圈里有影视圈的，便在朋友圈发了一条状态：“2018，进军影视圈。”

这一条状态还真炸出了不少影视圈的朋友，张扬在短短一天之内，收到了五条私信，分别来自两个制片人、两个导演、一个演员。

几个人表达的意思竟然都差不多，大概都在问张扬是不是想投资电影，他们身上有头部院线电影的市场份额，从几万到几千万，都可以投。张扬此时并不知道电影投资的内幕和水分，多了解了解总没有错。

于是，在接下来几天，张扬竟然收到了几个电影的项目PPT，其中包含《唐人街探案 2》《战狼 3》《流浪地球》等头部电影。

“这些电影都可以投资？”张扬十分怀疑，他询问北京的制片人阿剑。

“是的，张总。”

“但是‘唐探 2’，这几天不就春节档上映了吗，怎么还能投资？”

“影视行业就这样，有的人前期花钱把份额买断了，现在是在出售自己的份额，所以普通人才有机会入手。”

几个 PPT 做得很漂亮，上面都写着预估票房几十亿元，看着实在让人心动；但是多年的从商经验告诉张扬，事情绝对不会这么简单，里面的水很深。他便私下找北京的一家影视公司的周总咨询，周总的回复简洁明确：“假的！”

“怎么可能是假的，东西做得很好啊。”张扬有些纳闷。

“骗你几十万、几百万的，PPT 还能不做好吗，又花不了几个成本。”周总在电话里笑呵呵地说，“近几年，中国电影崛起了，突然之间，很多影视投资项目被送到了普通老百姓的面前。这并不是因为产业发展需要大众的参与，也不是因为资本寒冬需要大众的支持，真相是换汤不换药，还是那个熟悉的‘庞氏骗局’。”

“你给我这个门外汉好好讲讲。”

“最常见的影视投资，就是骗取投资人以出品人的名义出钱投资电影，可以参与电影的票房分红，但是实际上，这些找你投资的人压根就不是电影出品方的人。投资人只要一出钱，他们会一步步骗投资人追加投资，直到最后卷款潜逃，或者直接宣告电影赔本，不会给投资人返回一分钱。你可千万不要上当受骗，吴京的两部《战狼》确实挣钱了，他卖房子投资拍电影的事情也确实是真的。也就是因为有这个事，才让很多影视圈里的混子有了可乘之机，拿这个事去外面忽悠人。所以，你好好掂量掂量这件事。”周总的告诫振聋发聩。

张扬虽然着急用钱，但是事情的真假，他还是可以做出基本判断的，最起码，电影真缺钱的话，也只能是小成本的电影真的融不到钱，但凡是大制作，成本好几亿元的，就不可能几万元几万元地融资，融资几百万元作为门槛，才算合理。所以，对于这几个人的推荐，张扬婉拒了，并回复他们，自己进军影视圈，是想拍摄自己的电影，想把自己在澳门的故事拍成一系列的影视短视频。至于资金嘛，自己手上只有 20 万元。张扬这话一说出来，有四个人就没有回复了，只剩下一个制片人兼导演宋健君，他也在北京，他愿意帮张扬拍这个视频。

“不过做影视的话，最好成立一个公司，需要办理一些资质，这样后期操作灵活一些。”这是老宋给张扬的建议，张扬虽然没有见过老宋，但是觉得这人相较于其他人还是有些诚意的。

于是，张扬过完年后就去了珠海。到了 2018 年 4 月，他干脆在珠海租了一个商住两用的小房子，注册了一家影视公司“迈高影视”，作为自己长期的据点，开始正式筹备《旅途在澳门》的影视短视频。张扬要做成这件事，必然得仰仗老宋，毕竟自己对影视拍摄一窍不通，设备、剧本、录音、灯光、剪辑、后期、调色……这些问题都需要老宋解决。就这样，张扬邀请老宋来珠海合作。老宋不仅带来了一些摄影设备，还带了两名小助理，看来是真要大干一场。

做视频比想象中要难得多，首先就是拍什么，光这个问题就耗死了团队的脑细胞。张扬的意思是拍摄澳门的一些旅游景点和风景，内核必须要用故事撑起来，讲述张扬自己的故事，这样子画面好看，故事也吸引人。在拍什么的问题上达成一致意见之后，后面需要解决的就是文案、素材等各种问题。文案继续消耗着团队的脑细胞，而素材也很难，因为大家在澳门只有七天的逗留权，所以一般的素材，由其他两个助理先后进澳门进行独立取景；但是张扬的时间非常宝贵，视频是以张扬讲述为核心，所以在张扬进澳门的七天时间里，必须完成足够的视频素材，否则下一次进澳门就得等两个月之后。

就这样，经过一段时间的磨合，团队终于做出来两个视频，张扬觉得视频的观感还不错。老宋的报价也不便宜，加上人员工资以及食宿成本等，几个视频就花了张扬 10 万元。张扬感到郁闷了：我花钱拍这玩意干什么呢？既不能挣钱，又不能在电影院放，分享在朋友圈和群里，大家虽然反馈很好，但自己不能赔钱拍着玩儿吧。

老宋提出了一个新的建议："影视的东西想挣钱的话，短视频肯定不行的，要么就在院线播出，要么就在网络平台播出，这对时长和质量都有要求。”

老宋和张扬商量了一下，做电影，没个几百万行不通，但是做一个长一点的纪录片，倒是勉强可以实现的。于是，整个 2018 年下半年，张扬一直在孵化网络纪录片《旅途在澳门》，他打算把一个长的纪录片拆成十几小集，做成系列，计划在爱奇艺上播出。他还定制了一批 T 恤，上面印着“旅途在澳门”以及“迈高影视”的字样，方便打广告给路人。

经过半年的摸索，团队的视频拍摄制作风格终于形成统一。从 2018 年 8 月开始一直到 12 月，《旅途在澳门》陆续在爱奇艺频道更新了 15 集，竟然在两个月内达到了一千万的播放量。

《旅途在澳门》在爱奇艺的介绍是这么写的：澳门是一个国际自由港，是世界上人口密度最高的地区之一，也是世界四大赌城之一。澳门除了“博彩业发达”这一标签，还有很多著名景点可以游玩。澳门美食更是糅合了中西美食种类，堪称“美食天堂的缩影”。《旅途在澳门》纪录片由畅销书《别输了年轻的心》的作者张扬，《澳囧》《赌城局中局》等影视作品导演宋健君联手打造。让我们跟随视频一起领略澳门这样一个神奇神秘的世界吧！

纪录片的数据很好，但是到了年底盘算收益的时候，张扬却傻了眼，平台的分账以及广告收入，总共才30多万元，扣掉所有成本后，包括设备、器材、人员，张扬总共给老宋分了20万元，自己只剩下10万元了，他真心觉得做这个又累又不挣钱，折腾了一年，总资金还少了10万元。张扬越想越憋屈。

这时候，他突然收到一笔20万元的转账，竟然是茵子转来的。

“怎么回事？”张扬发消息给茵子，距离上次茵子携款跑路后，他们已经一年多没有联系了。

“我叔叔的30万元，澳门警方终于把卡还回来了。”茵子回复道。张扬简直哭笑不得，一年多了，这办事效率真是绝了。

“你现在还好吗？在哪儿？”张扬问。

“还好，我在珠海，开了一个海景客栈。”

“行啊，我可以过去看看吗？”

茵子给张扬发来一个位置，张扬很开心，他没有想到茵子其实也一直在珠海，更开心的是，两个人之间的心结终于解开了。

茵子的海景客栈很不错，张扬和她坐在海边喝咖啡，一年多不见，茵子变得更加成熟，张扬由衷地感到开心，俩人只是静静地坐着，他们之间，已经不需要太多的语言。

“那你后面想怎么办？搞电影？”

张扬不知道答案是什么，他茫然地回答：“走一步看一步吧。”

10. 猝不及防的大流行

整个 2019 年，张扬的影视公司业务并没有实质的进展。为了公司能活下去，他不得不继续开展伴游的业务，不过公司设在珠海了，而且他也不亲自进澳门伴游了，而是雇了几个当地人做伴游服务，大不了提成开高一点，张扬只负责拉业务就行了。这样也挺好，虽然挣得不多，但也省了不少事。如果情形按照这种态势发展下去的话，张扬一年有 30 万元左右的收入是没有问题的，虽然不是大钱，但是最起码够家里开支，能够填一填债务。

张扬原本想着这两年先让公司稳定地赢利，后面再去考虑其他的创业计划，可是即便他已经这么谨慎了，现实还是跟他开了一次玩笑。

2020 年春节期间，新冠肺炎突然暴发，不仅辐射全国，更是覆盖全球，全球感染病例累计超过 4 亿。各国的经济全部遭受重创，张扬的事业同样遭受了毁灭性打击。首先是公司的影视业务，影视寒冬本来就没有过去，加上疫情肆虐，很多投资人的现金流都断了，所以张扬想要洽谈的所有影视合作全部胎死腹中；其次是张扬的伴游业务，这跟旅游业是休戚与共的。新冠肺炎暴发，澳门的旅游业几乎一夜归零，根本就没有游客。公司的两大板块业务不仅没有一分钱进账，还得自己掏钱维持公司的生存和运营。张扬实在搞不懂为什么自己的运气会这么差，上天老跟自己对着干。

不过，此时的他已经不像 10 年前那样了，早就有了见惯大风大浪的淡然。在公司没有业务的时候，张扬的心态竟然直接放平了，甚至有点破罐子破摔的感觉。既然什么也做不了，那就不如潜龙在渊，好好寻求一条道路出来。

11. 短视频创业

2020 年，今日头条旗下的抖音已经遍地开花，成为了用户群最活跃的社交软件，也催生了一大批优质网红，其中很多人年收入都达到了上亿元。

张扬在蛰伏期间，仔细分析了几百个抖音号，研究视频拍摄背后的规律。他觉得抖音实在是一个创业的好工具，基本上没有什么成本，却能撬动非常大的利益。这是一个非常好的时机，把握住的话，他也有可能一下子鲤鱼跃龙门。

张扬决定从零起步，把公司的战略侧重在抖音上。他根据自身情况重新判断和定位，觉得自己就是一个 IP，就是一个人设，而且他的故事就是爆点。于是，经过策划，张扬的第一条抖音作品以讲述自己在澳门的故事为主。张扬没有想到，抖音短视频处女作竟然获得了 1.2 万点赞。敏锐的张扬从中嗅到了巨大的商机。他决定专职做抖音孵化。

既然做抖音，就要一个准确的定位。

张扬琢磨了很久，发掘自己的优势：第一是丰富的人生阅历，第二是对澳门风土人情和行业内幕的熟悉程度。这些东西，不是一般人能了解的，于是张扬就把自己定位为澳门知识博主和正能量博主，抖音的名字改为“张扬谈澳门”。

视频分为几个板块，一是澳门的风土人情，二是澳门的人物故事，等等。张扬毕竟是做过影视短视频和纪录片的人，所以做起抖音来，属于降维打击，他很快就组建了自己的编剧团队和摄影团队。到 2020 年年底，他的抖音粉丝已经达到了 20 万，成为同领域第一的达人。他用自己的真实经历打造了一个成功 IP 和人设，这些东西都是纯干货，压根不会被别人抄袭和复制。

在积累了粉丝之后，张扬就要考虑将流量进行转化，此时的他还没有发掘抖音蕴藏的巨大能量。“张扬谈澳门”抖音号的收入主要来源于三块。

第一块：商品橱窗。

张扬一开始并不知道选品的概念，所以是什么稀奇古怪的东西都往小店里放，从小零食到剃须刀，再到生活用品。实际上却没有人买，因为他没有考虑自己的粉丝群体。张扬分析了一下，自己的粉丝群体大多是跟澳门相关的人，所以自己的橱窗应该以澳门产品为主。经过调整之后，张扬的抖音橱窗选择了一些澳门的美食、文创等商品，销量果然上来了。到了 2021 年年初，抖音橱窗每个月可以给张扬带来 5000 元左右的销售提成。

第二块：线下广告。

“张扬谈澳门”自然离不开酒店和餐厅。张扬原本的计划是可以线下接受餐厅或者酒店的广告，给他们进行推广宣传。由于粉丝数量并不是很多，大的酒店和餐厅要么是十分自信，觉得不需要花钱进行推广；要么就是觉得张扬的粉丝量还不够，还不至于花钱在一个 20 万粉丝的小号上进行广告投放。所以广告这一块，张扬只接到几个民宿和小餐厅的广告单子，一单也就几千元。

第三块：直播。

直播倒是张扬没有想到的，效果反而超出预期，比前面两个板块效果都要好。首先是张扬在直播中讲述的澳门事物非常新奇，所以观众们的忠诚度非常高，再加上张扬本来就是做夜场主持出身，能说会道，直播风格也让观众们非常喜欢。所以即便粉丝只有 20 万，但是张扬只要一开直播，少则有几百人，最高峰的时候曾有上万人看过他的直播。各种粉丝礼物和打赏加起来，张扬每晚可以挣好几千元，最高峰的一次，一晚上收到了 5 万元的打赏。直播的能量张扬是没有想到的。

既然直播这么有效果，那为什么不招几个人全职直播呢?

张扬说干就干，在继续孵化抖音的同时，开始布局娱乐直播，招聘了很多才艺主播。“张扬传媒”重新创立，不过这跟文山时期的张扬传媒已经不可同日而语了。2020 年到 2021 年，“张扬传媒”光直播这一块的毛利润就达到了 50 多万元。

12. 直播带货的风口

不过张扬的工作重心还是在抖音上，以创作高质量的作品吸引粉丝关注为第一要务，于是，“张扬谈澳门”的内容进行了全新的改版升级。张扬聘请了高质量的摄影和后期进行抖音号的打造，还邀约了好多兼职演员进行剧情创作。

功夫不负有心人，到 2021 年年初，“张扬谈澳门”的粉丝已经将近 50 万。

张扬现在对内容创作已经得心应手，几十个视频，每个视频的平均播放量都在 200 万以上。“张扬谈澳门”在抖音上的总播放量已经达到了 3.1 亿次，这个数据可以窥见视频的质量。现在更让张扬困扰的是转化率不高的问题，虽然粉丝数和播放量都有着巨幅增长，但是商品橱窗和线下广告的收入跟粉丝只有 20 万时相比并没有太大的起色。倒是直播的时候，打赏的人更多了。为此，张扬在 2021 年 5 月特地去上海跟“牛肉哥”学习直播带货。

牛肉哥本名叫陈錡，是正善酒业和正善牛肉的创始人，抖音粉丝 540 万。牛肉哥曾在 2018 年“双 11”卖出了 2532 万元的惊人销售额，对于这种有代表案例的超级大 V，张扬十分恭敬，迫切地希望向他们学习。

“张扬，你这个视频做得很不错，就按照现在这么做下去，早晚可以突破百万粉丝，这个你放心。”牛肉哥鼓励张扬。

“就是涨粉有点慢。”张扬嘿嘿一笑。

“这个不用担心的，你的粉丝群体是比较‘忠诚’的那一种。你只要继续往下做就好，只要多做几个爆款视频，粉丝量会涨得很快。这个不要急功近利，保持现状继续孵化，粉丝暴增是早晚的事情。”得到牛肉哥的鼓励，张扬很开心，“现在就是转化率不太好。”他跟牛肉哥讲了抖音橱窗和广告接单的问题，希望牛肉哥可以指导指导。

“真正挣钱的不是这两块，”牛肉哥故作神秘地嘿嘿一笑，“今天晚上到我的直播场地来看看，你就明白了。”

张扬自己也做直播，不过是自己一个人播着玩一玩，坐在自家客厅里，戴个耳机和网友们唠唠嗑，时不时地跟美女连麦互动，打个 PK 什么的。牛肉哥的直播间着实把张扬惊到了，直播间在一栋豪华写字楼里，面积足足有 200 多平方米，中间搭建了一个舞台，四周布景、灯光都非常专业，就跟影视拍摄的摄影棚一样。

“我知道你很聪明，你在这里好好看一看，就什么都懂了，用不着我教你。”牛肉哥跟张扬打了一下招呼，便开始准备去了。

张扬便自己在直播间里参观。房间里面，牛肉哥的团队就有 20 多人，负责化妆的，负责辅助销售的，负责后台运营和运作的，负责客服的，大家各司其职，忙忙碌碌。整个房间四面的墙壁上全是货架，上面摆满了各种各样的商品，主要是红酒和白酒。这应该就是商家送来的选品，选品团队的任务就是每天从几千个商品中挑选出最合适的商品出来，在牛肉哥的直播间进行销售。

今天的主题是红酒销售专场，张扬看到背景板上已经覆盖起大红色的海报，上面有牛肉哥的个人照片，还有各种大促的标语，看着就非常诱人。舞台上已经开始陆陆续续摆上今晚要带货的商品，助理们都站在舞台旁边，准备随时配合牛肉哥。

“你们把设备再调试一下，时间快到了。”牛肉哥看了一眼墙上的钟，时间显示为七点四十五分，助理赶紧检查舞台上的手机支架以及直播视角。张扬这才发现，并不是只有一个手机，他走近一看，吓了一跳，牛肉哥并不只是在抖音直播，还有几个手机分别是天猫、拼多多、京东的直播后台。一次直播能同时在多个平台带货销售，真是太厉害了。手机上显示的画面就跟张扬平时刷到的购物直播间是一样的，这种感觉真是神奇。

快八点钟了，直播的所有工作准备就绪，现场助理高喊：“倒计时准备，5，4，3，2，1，开始！”于是，几个手机同时打开，牛肉哥在舞台上开始了直播，“亲爱的朋友们，我是牛肉哥，八点钟，我们再次相遇在牛肉哥的直播间，今天要跟大家推荐……”

直播的过程很长，很累，看着甚至还有点乱，但是在手机端上是看不出这些问题的，在手机背后是20个人通力协作。整个直播，从八点到十一点半，整整播出了三个半小时，牛肉哥全程没有休息，带了30多件商品。张扬终于看明白了直播的整个流程，看懂了直播的话术和技巧，看到了所有人如何紧密合作。在所有人的努力下，直播间一晚上的成交额，定格在了 160 万元这个数字上，这刷新了张扬的认知，他第一次这么近距离地看到奇迹的诞生。

“看懂了吗？”张扬坐在牛肉哥的车上，牛肉哥问道。

“好像懂了，又好像没有完全懂。”

牛肉哥笑了笑，“直播间的流程、话术都是可以学的，这个没关系，这些不是我真正想让你看的。”

“那您想让我看什么？”张扬疑惑不解。

“看产品，”牛肉哥笑道，“在所有的产品中，酒水永远是刚需，逢年过节，日常饮用，是不是都要买？”

张扬点点头。

“所以啊，酒水不光是刚需，而且它的利润很高。现在市面上正常的酒，不管是红酒还是白酒，怎么也得一百多吧，其实啊，成本也就十几二十几元。”

“真的吗？天啊，这么低！”张扬不敢相信。

“是的，所以，直播带货没有问题，你要选择好赛道，酒水类就是你的赛道，这就是我今天真正要告诉你的，明白了吗？”牛肉哥语重心长地看着张扬。看到张扬似懂非懂的样子，牛肉哥笑了笑，“不要着急，我年轻的时候跟你一样，你多摸索摸索就好了。”

“谢谢哥。”张扬由衷地感谢。

“至于抖音橱窗和广告，你不要太在意，你粉丝做起来，那两块的收入自然就会水涨船高；但是直播带货是你现在就要做的，是你的主战场，因为它能帮你快速实现流量变现。”牛肉哥的话如醍醐灌顶，张扬一下子通透了，他找到了方向。

13. 浴火重生

2021 年下半年，张扬正式开始了酒水类的直播带货。他边带货边摸索，渐渐地有了自己的团队。到 2021 年年末，张扬直播间的酒水销售突破三万单，总销售额 400 万元，与厂商分成后，“张扬传媒”可以分到 150 万元。

这是一个全新的起点，也是全新的开始。

牛肉哥说的果然没有错，直播带货给张扬带来了利润，带来了好的流量变现。牛肉哥对抖音橱窗和广告的预判也没有错，到 2021 年年底，张扬的抖音粉丝接近 70 万。而且张扬的视频号开始高端定位了，所以大牌酒店和餐厅都开始找张扬进行视频广告推广，就连新葡京酒店都成了张扬的客户。此外，张扬还开放了星图广告，单条视频广告费 3 万元。一个月，线上接单和线下广告总共可以做到 8 条视频，广告费每月在 30 万元左右，直播带货也稳步于每月 70 万元左右，年底的时候，张扬成功地实现了月收入 100 万元。

命运和现实没有再次和张扬开玩笑，也没有再次给他毁灭性的打击。

2021 年年底，张扬一次性还清了网贷、信用卡总共 300 万元的欠款。他终于搬掉了压在身上好几年的大山，成了一个彻彻底底的自由人，还在珠海购置了车子和房子。更重要的是，亲情、友情都重新回到了他的身边。

到了 2022 年，他已经是百万粉丝大 V，甚至被今日头条列为“抖音青年扶植计划”重点培育对象，致力于用亲身经历进行反赌宣传。

即便取得了一些成就，张扬的心境却出奇的淡然，毕竟遭受过命运反复嘲弄的人，心理素质不是一般的坚强。他深知，现在仍然只是起点，危机和挫折随时都准备再次给他迎头痛击，创业故事还在继续……

后记

张扬算成功了吗?

每个人对成功的定义是不一样的，张扬肯定不认为自己成功了，因为500多万元的负债他整整用了六年才还清。在这六年之中，他大部分的时间口袋里都只剩下几百元，甚至睡在公园里，睡在地上。很多人会用张扬现在的成绩来夸赞他的成功，但是却并不会留意他是如何在六年的炼狱中挣扎生存的。

激荡十五年，创业浮浮沉沉，生活磕磕碰碰，人生起起落落。

希望张扬的故事能够给予读者深刻的警醒:

不要成为欲望的奴隶，它会让你陷入泥淖之中；但如果你万一失足深陷，那就与命运相搏而后生。